だいわ文庫

資格試験に忙しくても一発合格！

超高速暗記術

鬼頭政人

大和書房

で？
試験対策のアドバイスを聞きたいって？
神田桜子《かんださくらこ》
大学時代の先輩
はい！
坂巻陽菜《さかまきはるな》
資格試験の勉強中
てっきり旅行にでも行くのかと思ったわ
なにその荷物
気づいたら参考書が増えちゃいまして
そんなに本持ち歩いてたら肩壊すだけじゃん
それも合格のため！
お馬鹿なの？
真面目ですよ
次の試験これだけ読んで挑戦してみたらどう？
参考書？
そ 私が試験対策に使ってたやつ持ってきたんだ

スッ
もう使わないからぜひ役立てて
…先輩いらなくなったからって押しつけてませんか？
って先輩が言ってたけど
こんな薄っぺらい本一冊だけ…
不安だ
ドサササッ
私ならこれ全部読む！
よーし受かるぞ～！
……
落ちました～

読み残した本が
山のように
あーあ
馬鹿だ
私は一発合格
したけどな
号泣
涙ふけよ
うぅ〜っ
なぐさめてくださ〜い (>_<)
ピロン♪
今日飲みに行くか
はーーーっ
先輩だって仕事忙しいはずなのに
なんでこんなに違うんだろ
ドーンッ
つまり

頭の良さと効率の良さは別物って話
要はやり方！必要な情報とそうじゃないものの取捨選択が甘いんだよ
結局参考書だって全然減ってないじゃん
うう すみません…
……
…一度勉強法を見直したほうがいいのかもね
わたし今度TOEIC800点を狙おうと思ってるんだ
あんたも同じスコア目指してみない……？

暗記作業を、高速で終わらせる——はじめに

記憶力に〝素質〟や〝才能〟はあるでしょうか？

脳科学や遺伝学の領域においては、以前からこの点が研究されています。しかし、「記憶力の75％は遺伝である」という学者もいれば、「持って生まれた才能は35％程度しか作用しない」という学者もいて、その結論は出ていないようです。

個人的な感覚で言えば、素質や才能が左右する部分は「あるだろう」とは思います。

世の中には一瞬で膨大な量の文章をすらすら覚えてしまう人や、円周率を数万桁も暗記している人もいます（ちなみに世界記録は10万桁だそうです）。そういったレベルに達するには、やはり素質や才能がものを言うのではないでしょうか。

しかし、本書でお伝えしたいのは、あくまで**「試験に合格する暗記のコツ」**です。

ここでいう「試験」とは、国内最難関とされる司法試験を含む各種資格試験、TOEICをはじめとする語学テストなど、**難易度のレベルと出題範囲がある程度決まっていて、過去問（または公式予想問題）が入手できる試験**をいいます。

この手の試験で、記憶力について素質や才能を持ち出して論じるのはナンセンスです。なぜなら、それらはあくまで「エントリーのための最初のハードル」に過ぎないからです。

そして、**エントリーの段階で「記憶力の素質や才能」を求めるような試験は、私の知る限り国内にはありません。**記憶力の素質や才能などなくとも、ちょっとした工夫次第で十分合格できる試験ばかりです。

とはいえ、試験には実施日、すなわち締切りがあります。その日までに出題範囲の必要事項を頭に入れた上で臨まなくてはなりません。

もし、あなたが**「覚えなければならないことが多すぎるし、時間も足りない」**と考えているのだとしたら、本書は大いに役に立つはずです。

私は、開成中学・高校→東京大学→司法試験という〝国内最難関〟といわれる試験に合格してきました。しかし、抜きんでた記憶力の持ち主というわけではありません。日常生活でも、

「ほら、あれ何だっけ？　あれだよあれ、えーっと……」

となることはしょっちゅうあります。

「試験に合格できる暗記力」というのは、記憶の素質や才能とはまた違った能力なのです。少なくとも前者にはコツがあり、ノウハウがあります。そして〝要領の良さ〟も大切です。

私は、資格試験対策のオンラインスクールや、個別指導塾を運営していた経験があり、多くの生徒の方を見てきました。

生徒さんの中には、やる気があり、努力もしているけれど、それが間違った方向に

発揮されていることで、伸び悩んでいる人がたくさんいます。

ただやみくもに「頑張るだけ」では、あなたの努力は実を結びません。

どうせやるなら、確実性の高い方法で最短距離を行きましょう。


いわゆる〝暗記モノ〟は多くの人にとって辛く嫌な作業だと思いますが、ラクする方法やモチベーションを保ちながら続ける方法はいくらでもあります。

本書には**暗記作業を最短で終わらせる「高速暗記術」**をたくさん盛り込みました。

なお、読者のみなさんがイメージしやすいよう「学生時代の受験勉強」を具体例にしていることが多いですが、あらゆる資格試験・語学試験に応用可能です。

暗記作業をさっさとこなして、来たる試験に確実に合格しましょう！

鬼頭政人

資格試験に忙しくても一発合格！　超高速暗記術

目次

第1章　頭のいい人は「だるい暗記作業」にどう向き合うか？

第2章　ラクして覚える暗記計画

第3章

暗記を習慣化する方法

第4章 てっとり早く記憶する「最強の暗記テクニック」

第1章

頭のいい人は「だるい暗記作業」にどう向き合うか？

高得点目指すなら
マイナーな単語も
おさえておかないと
って思ったけど
ぜんっぜん
覚えられない
なかなか
次のページに
進めないいな〜
英単語マニア
あ！
先輩だ
せんぱーい
さっくらっこ
せーんぱーーい
ブン
ブン
おーい!!

ドアが閉まります ご注意ください
う〜ん
聞こえてなーい
ガタッ
ビシャ
わ! こぼれた
ドサドサ
ガタン ゴトン
ガタン
あっ
先輩から連絡来てる
読みにくい
集中できないし あとで読もう
パタン
今日仕事終わったら ウチに来い

おじゃましま～す
悪いね
急に呼び出して
いえ！
試験勉強のお誘い
ありがとう
ございます
先輩のおうち
きれいですね
お前はもう少し
部屋を片付けた
ほうがいい
本そんなに
持ち歩いてるのか？
たくさん読んだ
ほうが勉強した感じ
しませんか？
減らせ
ドサ
ドサ
私なら
一冊ざっと
目を通して
覚えられない単語は
メモして持ち歩いて
ひたすら暗記する

でも高得点狙うなら一冊じゃ足りなくないですか?
一冊もろくに読めてないくせに!
デスヨネ
「誰も解けない問題を解ける」ことよりも
「みんなが解ける問題を確実に落とさない」ことが重要なんだよ
これは?
模試だやるぞ
えっ 嫌ですよ
ドーン
真面目にやったら焼肉おごる
やりましょう!

お肉
お肉っ
カリカリカリカリカリ…
終
♪～
……
了。
最後まで
いってない！
こんなはずじゃ
なかったのに～
ぽふっ
それが今の実力
本番も時間は
限られてるんだから

自分の才能に限界を感じました
わたしもう無理です
受けるのやめます
お前ほんと面倒くさい
落ち込んでる暇があったら見直しくらいしなよ
そういえば頑張ったご褒美に焼肉おごるって話だったっけ
!!
わたしなんだか頑張れる気がしてきました!
ガバッ
でも何から頑張ればいいのかわかりません
…どうしましょう?
チラッ
ならまずは対策会議をしようか
おお!

○受かる人は 素直に暗記に取り組む

×落ちる人は 暗記の必要性を考える

机に向かって知識を詰め込もうとしながら、一方でこう考えていませんか？

こんなの覚えて、何の役に立つんだろ？

このように考えてしまった時点で、あなたは暗記に負けています。

確かに、大学受験の時、必死に詰め込んだにもかかわらず、入学してから一度も使わなかった知識は山ほどあるでしょう。

世界史の年号、化学の元素記号、古文の単語……合格後に必要だから覚えさせられたとは思えません。

ですが、**あなたが今乗り越えねばならない目の前の壁は、試験であるはずです。**その壁を越えるのに、そうした知識が必要なのだとしたら、つべこべ言わずに覚えるしかありません。

「何の役に立つのか」などと考えるのは、暗記がしんどい自分が「こんなの覚えなくてもいいんじゃないか……いや、覚える必要なんてないんだよ」という逃げ道を必死に探した末の言い訳に過ぎないのです。

「何の役に立つのか」。その問いに対する唯一無二の答えは**「合格するのに役に立つ」**というものです。ある試験を受けると決めた以上、**今のあなたにそれ以外の答えは必要ないはずです。**

私は、多くの学生や社会人に資格試験対策を教えていましたが、**すんなり合格できる人はほぼ共通して素直**です。

大学受験最難関である東大に合格した学生は、たいていの資格試験もわりとすんなり合格します。そう言うと多くの人は「東大に合格するくらいなんだから、地頭がいいんだ」と言います。

なんとなく腑に落ちる説ですが「じゃあ地頭って何なんだ⁉」という問いに、スパッと答えられる人はいないでしょう。

東大生は、受かる「コツ」を知っている

自分で意識しているか否かは別として、**東大生（特に進学校出身者）の多くは「試験に合格するコツ」を知っています。**

そのコツは、自分でゼロから編み出したのではなく、ほとんどが学校の先生や予備校講師に教えられたもの、あるいは本などに書かれたノウハウが元になっています。

それはその道のプロが多くの合格者の実例を見た上で「こうすれば近道を行ける」と編み出したものです。まだ合格していない人の「これを覚えたらきっと合格できる

だろう」という根拠の薄い予測より、はるかに説得力があるでしょう。それを「そういうものなんだ」と受け入れる素地が、東大生にはあるのです。

ここまで書いてからこれを言うのは気恥ずかしいのですが、私も開成高校↓東大文Ⅰに合格しました。

決して「自分は素直な人間です」とアピールしたいわけではありませんが、学生時代「これを覚えなければならない」というものは、わりと素直に受け入れました。というより、疑問を差し挟む余地すらありませんでした。

なぜかというと、多くの成功例を間近に見てきたからです。**東大に合格した先輩達がほとんど同じ英単語集を使っていたら、あえて別のものを使おうとは思いません。**

さらにいつもその本を手に熱心に取り組んでいた先輩ほど余裕で合格していたとしたら「こんなの覚えて何の役に立つんだろうか？」などとは、そもそも考えないわけです。そういう〝迷わせる余地がない〟環境こそが、進学校の優位性と言えるでしょう。

誤解しないでいただきたいのですが、私は決して「進学校や東大だから試験に合格するのだ」と言っているわけではありません。

素直になること、少なくとも「試験に合格するのに暗記が必要ならば、つべこべ言わずにそれに取り組む」くらいのことは、今この瞬間から誰にだってできるはずです。

あなたが今テキストや参考書を傍らに置いて覚えようとしているのは、それをやらなければならないのだと、あなた自身が判断したからでしょう（そして多くの試験で、知識の詰め込みは確かに必要です）。であるならば、迷わずにやりましょう。やりきるしかないじゃないですか！

受かる人は 7割覚えればよしとする

落ちる人は 3割忘れたことを引きずる

人間の脳には様々な機能が備わっています。経験を「記憶する」のもその1つですが、これと同等に重要な機能があります。

それは**「忘れる」**です。

もし、私たちの脳に「忘れる」機能が備わっていなかったら、大変なことになると思いませんか？

これまでの人生で食べた日々の食事、通りですれ違っただけの人々の顔、それらをすべて覚えていたら、脳の記憶容量はあっという間にパンクしてしまうでしょう。**私たちの脳はどうでもいい情報をあっさり忘れることで、新たな記憶容量を確保するようにできている**のです。

また、大切な記憶でも、時間が経てば少しずつ薄れるようになっています。そうでなければ一度失敗した人は二度とチャレンジしようとはしませんし、喧嘩した友人とは一生仲直りできないし、失恋の苦しみが癒えることもありません。

今、皆さんは暗記しなければならない知識の山を前にして、脳に備わった「忘れる」機能を恨めしく思っているかもしれませんが、忘れない人生には絶望しかないのです。

情報の「記憶する/忘れる」の仕分け作業は、脳が自動的に行います。基本的には生命に関わる重大な情報や、インパクトの強い経験があるほど強く記憶に刻まれます。

ある場所に足を踏み入れて死の危機に直面するほどの恐ろしい体験をしたとすれ

ば、目に見えたこと耳に聞こえたこと肌で感じたこと、何年経っても思い出すだけで身体が震えるほど強く記憶に刻まれるでしょう。

ところが**テキストやノートに並べた知識の羅列には、それほど強いインパクトはありません。**あなたが「この暗記モノを完璧にしないと試験に合格できない。次で合格できなきゃ命がない！」と自分自身に言い聞かせても、脳（自分の脳ですが）は簡単にその嘘を見破ってしまいます。

覚えられなかった「3割」は気にしない

では、どうするか？　それが必要な知識だということを自分の脳に、根気強くわからせていくしかありません。具体的には**「忘れては思い出し、忘れては思い出し」を何度も繰り返す**のです。

会社に入ったばかりの頃、直属の上司と机を並べる同僚の名前はすぐに覚えても、他部署となると顔と名前が一致しない人が何人もいたでしょう。けれども、毎日顔を合わせて挨拶したり、同僚との会話で幾度か話題に上るうちに、知らない人はいなくなります。「あの人誰だっけ？　そうそう、その人！」を幾度か繰り返すと、努力せずともパッと顔と名前が出てくるようになるのです。

暗記も同じです。文字や数字が並んだリストは無味乾燥で、脳はあっさり忘れようとするでしょう。**暗記に取り組んだ翌日に、7割も覚えていたら上出来**です（それだって、そのままにしていたら翌々日には忘れているかもしれません）。**残りの3割をリストに加えて翌日に、あるいは覚えられない知識だけを数日分まとめて暗記します。**何度も目にしていたらいつかは嫌でも覚えます。

ところが、**試験勉強をこじらせる人に限って、覚えられなかった3割を気にして「自分は駄目だ」と挫折する。**もう一回覚えればいいだけなのに、そのモチベーションがわいてこない。苦手意識ばかりが先行すると、できるものもできなくなってしまいます。

受かる人は

成功体験がある

落ちる人は

成功体験がない

どんな勉強もやる気が高まっている時にはぐんぐん進められますが、問題はモチベーションが低下した時です。

気分転換をしてやる気が回復するのを待つというのも1つの手ですが、試験の日程は動かせません。待っている間も時間は容赦《ようしゃ》なく過ぎていき、それがまた焦りにつながって自分自身を追い詰めてしまう悪循環に陥ってしまいます。

じつは、モチベーションが下がっている時にも、できる勉強があるのです。

それが、暗記モノです。

大学受験でたとえるならば、論文や数学の記述問題は発想の柔軟さが求められるので、煮詰まっているときにははかどりません。

しかし、暗記モノの「覚える」（以前に覚えたものを思い出す）という作業は頭の使い方としては単純です。やるか／やらないかの問題でしかないわけです。

ところが、単純であるがゆえに暗記モノはしんどくて重たい。

実践問題なら「わかった！」「解けた！」という喜びや達成感がありますが、暗記モノにはそれがありません。

「覚えた！」と思っても数日後にはあっさり忘れていたり、ずいぶん前に覚えたはずなのに「あれ、全然覚えてない……」となったりすることも日常茶飯事で、いつも疑心暗鬼で取り組むことになります。暗記モノの宿命です。

モチベーションが上がらない時に自分を奮い立たせるものは、過去の「成功体験」

です。

だらだらと上りが続くしんどい山道も、それを乗り越えた先に素晴らしい眺望があるのだと経験的に知っていれば、歩みを進める力が出ます。

同じように、過去の試験で**暗記に対する取り組みが高得点や合格に結びついた成功体験のある人は、あまり乗り気でない時にも「暗記モノでも、やっとくか」と気持ちを起こせる**のです。

「暗記」は、あなたを裏切らない

進学校生が試験に強いのは、もともとの頭がいいからではなく、この成功体験が積み重なっているからではないでしょうか。

彼らは校内テストや模試のたびに「今度のテストでは何番だった」ということを意識せざるを得ない環境に身を置いています。**ある程度出題範囲が決まっている試験は、知識を覚えているかどうかで7～8割が決まります**から、彼らは「暗記モノを真面目にやったら順位が上がった」という体験を、一般の学生よりもたくさん経験しています。

ですからちょっとモチベーションが落ちている時でも、暗記モノだけは欠かさずにやるのです（暗記モノは「勉強ではない」と考えている学生も少なくありません）。

ところが、過去に成功体験のない人は、暗記に取り組む努力の先に何があるかを知らないがゆえに憂鬱になってしまうのです。

成功体験がない人は、どこからか借りてくるしかありません。自分が挑戦する試験の合格者に、体験談を聞いてみてください。中にはエキセントリックな方法でパスした人もいるかもしれませんが、複数にあたれば必ず「知識の詰め込み」の重要性を教えてくれるはずです。

あるいは自分でハードルを設けて「仮想・成功体験」を積み重ねる方法もあります。**月ごと・週ごと・日ごとに覚える範囲を決めて、目標をクリアしていたら自分自身を褒めましょう。**範囲を完璧に覚えるのを課題にすると逆効果になってしまいますから、範囲の7割程度が頭に入っていたら「成功」とします。自分に小さなご褒美を与えるのもアリです。

しんどくて重たい暗記モノですが、飽きないように挫けないように、いろいろ工夫して取り組んでみましょう。

受かる人は

成功した人の意見を参考にする

落ちる人は

自分の成功体験に固執する

過去に成功体験がある人は、地道な努力の積み重ねの先に何があるかを知っているから、重くてしんどい暗記モノも頑張れると言いました。しかし、そんな人こそ注意しなければならない落とし穴があります。

それは何かと言うと**「過去の成功体験」**です。

矛盾したことを言っているのは承知の上ですが、「諸刃の剣」とはまさにこのこと。**中途半端な成功体験は、あなたの目指す合格への最短距離を遠ざけてしまう恐れ**

があります。

本書は「たいていの試験は7割がたが暗記で決まる」との立場ですが、何でもやみくもに暗記さえすればいいというのではありません。試験には必ず傾向があり、それに応じた対策があります。

そして、あなたが成功体験として知っている試験は、これから受験しようとするそれとは別モノであるはずです。

ということは、あなたが過去に実践してうまくいった手法が、これから取り組む試験でそのまま通用するとは限りません。

受かる人は「成功者のテクニック」を盗む

試験に受かる人は、その試験に合格した人の意見やアドバイスを参考にします。それは、まだその試験に合格していないあなたの成功体験よりも、事実に裏付けられた説得力があるはずです。

ところが、**自分の成功体験に固執する人は、その試験に合格した人の意見や、専門的に情報収集し分析しているプロ（講師やコンサルタントなど）の助言に耳を貸しません。**

試験ではまず出題のパターンと傾向をつかみ、どの程度の知識が・どの程度の深さで求められているかを知った上で取り掛からなくてはならないのに、

「自分が大学に合格した時は、このやり方で成功した」

「とりあえず用語の意味さえ覚えておけば何とかなるでしょ」

などと言って、〝我流〟を通そうとする人が少なくないのです。

たとえば、これからバスケットボールの試合に挑むのに、シュートやフォーメーションの練習をせず、「自分はこれで甲子園に出場したんだ」とひたすらバットの素振りを繰り返しているような人がいたら、アホだと思うでしょう？　それとまったく同じことです。

過去の成功体験が有効なのは「地道な努力が報われる」とか「何事も基本をおろそ

かにしてはならない」といった原理原則の部分だけです。それ以外の部分は、成功した人（あるいはその試験をよく知るプロのアドバイザー）の意見を参考にすべきです。

ただ、その試験で成功した人といっても、たった一人の意見しか聞かないというのにもリスクがあります。その人のやり方が、たまたまその時にハマっただけ（まぐれ）かもしれないからです。

何人かのサンプルを見たり、意見やアドバイスを聞いたりした上で、

「複数の人が言っているから、これは本当なのだろう」

「どちらも理に適っているが、自分にはこちらの方が合っていそうだ」

というように、最後は自分の判断で決定します。あなたの試験の結果について責任を負えるのは、あなた自身しかいないからです。

○受かる人は
まず覚える量を減らす

×落ちる人は
できるだけたくさん覚える

暗記に取り組むにあたり、絶対に覚えていただきたい鉄則があります。それは、

必要のないモノまで覚えない

ということです。当たり前のことを言っているようですが、意外と実践できていない人が多いのです。

人間の脳には限りない可能性があるとはいえ、頭の中に入れる作業にはそれなりの時間と労力を要します。

次のようなケースで考えてみてください。

①選択肢に挙げられた事実が正しいか間違っているかがわかればいい
②選択肢を正しい順序に並べ替えることができればいい
③詳細な数字も含めすべて正しく書けるようにしておかなければならない

確かに試験に臨む上で、知識はあればあるほど有利です。右の例でいえば③が正解できる人なら、①でも②でも正解できます。けれども本番までの日数が限られている中で①の知識で十分な人が、③までの知識を備える必要があるでしょうか。

③までの知識を覚える時間や労力を、ほかの勉強や練習に充《あ》てる方が合格の可能性を高められるのだとすれば、迷わずそうすべきです。

何事にも全力を尽くし完璧を求めるのは美徳かもしれませんが、**使う機会のない（さほど重要でもない）知識まで一生懸命に暗記するのは合理的ではありません。**あなたが今しなければならないことは、少しでも合格の可能性を高めること、そのための最短距離を行くことであるはずです。

試験に受かる人は暗記に取り掛かる前に、まず覚える知識を絞り込みます。**本から必要なものとそうでないものをバッサバッサと仕分けて、必要なものだけを抜き出したリストを作る**のです。

「せっかく本を買ったのだから、もったいない……」

などと貧乏性を発揮するのは、この際やめておきましょう。どうしても覚えたければ、試験に合格したあとの〝お楽しみ〟として取っておいたらいいでしょう（実際にそれをやる人に、お目に掛かったことはありませんが）。

他方、試験に落ちる人は暗記が苦手なのに「知識の断捨離」をせず、あれもこれも頭に詰め込もうとして悶絶します。

その上、思い通りに覚えられないことにイライラし、整理も下手なので覚えたはずの知識が取り出せません。必要な時にパッと出てこない知識は、覚えていないのと同じです。

あなたの頭の中は、知識のゴミ屋敷になっていませんか？

◯ 受かる人は

いちばん売れている暗記本を使う

× 落ちる人は

ほかの人が使っていない暗記本を使う

『東大合格者が実践している絶対飽きない勉強法』（大和書房）という著書を執筆した際、複数の東大生に勉強法や教材についてインタビューしました。その結果、

インタビューをした東大合格者の９割が同じ英単語集を使っていた

事実が判明しました。

書店に行って受験参考書のコーナーを見れば、受験単語集は1つの棚が埋まるくらいさまざまなタイトルが出ています。にもかかわらず、あまりに皆が同じ本を挙げ

るので、正直びっくりしたくらいです（ちなみにそれは『鉄緑会東大英単語熟語　鉄壁』という本です）。

参考書やテキストを選ぶとき、こんなふうに考える人がいるかもしれません。

「ライバルに差をつけ競争を勝ち抜くには、大多数と同じ教材を使っていてはダメなのではないだろうか⁉」

一理あるように聞こえますが、じつはそうではないのです。大学入試のように多数の志願者をふるいにかける試験や、毎回一定割合の合格者が出るテストでは、相対評価で採点されます。

そうした試験ではライバルを出し抜くことよりも、出し抜かれないことがより重要になってきます。そのほうが相対的に順位が上がるのです。

たとえば、大多数が使う参考書Aには載ってないけれども、少数が使う参考書Bには載っている知識があるとします。そして、たまたまその知識がテストに出題された。Aを使っていた大多数の受験生は得点できず、Bを使っていた受験生だけが得点できます。

当然ながら、逆のケースもあるはずです。大多数が使う参考書Aには載っていたけれども、少数が使う参考書Bには載ってない知識がテストに出題された。Aを使っていた大多数の受験生は得点でき、Bを使っていた受験生は得点できません。


参考書AとBの内容は優劣がつけがたく（つまり人気の差だけ）、どちらのケースも同じ配点であるならば、Aを使おうがBを使おうがリスクの確率は同じです。

しかし、参考書Aに載っている知識が出題されたときは、Bを使っている人は「大部分の人に」点差をつけられてしまうのに対し、Bに載っている知識が出題されたときには「ごく一部の人に」点差をつけられるだけで、相対的には順位は下がらないのです。

皆さんは試験を「他人よりも優れた人が選抜される」イメージで捉えているかもしれませんが、実際には**「知識のない人から落とされる」イメージ**の方がより正しいと言えます。

とはいえ、「いちばん売れている参考書を使わなければ受からない」と言いたいわけではありません。**受かる人はそういう選択をする傾向にある**ということです。冒頭にお話しした東大生へのインタビューでも、9割が〝使っていなかった〞単語集で勉強し、合格した人もいたわけです。

最近はネット上のカスタマーレビューも充実していますし、評判の悪い本は早々に排除されます。

つまり、「それを使ったら合格できない」ほどヒドい内容の本は、そもそも書店に並んでいないとも言えます。ゼロから選ぶのであればいちばん売れているものをおすすめしますが、もしすでに購入済みで使い始めている暗記本があるのなら、それをやり切るほうがいいと思います。

受かる人は
電車に乗るまでに10個覚える

落ちる人は
電車に乗ってから10個覚える

暗記モノは、考えて答えをひねり出す必要がありません。ただ「覚える」だけでいいわけです。**ここで言う「覚える」とは、①とりあえず頭に入れる作業と、②事前に頭に入れておいた知識がパッと出てくるかを確認する作業です。**メモやリストを見ないでそらで言えたら、いったんは「覚えた」こととします。

覚える知識の量と内容にもよりますが、数学の問題を解くとか英文和訳・和文英訳などに比べると、

暗記モノは比較的、負荷の少ない勉強と言えるでしょう。

頭に入れた知識が記憶として定着したかどうかは、後日になってみないとわかりま

せん。事前に頭に入れた知識を忘れてしまっていたら、また頭に入れるだけです。できていなくとも焦る必要はありませんし、焦ったところでどうしようもありません。

そういうわけですから、**暗記モノ（とくに②の確認作業）は、いつでもどこでもできますし、細切れにもできます。時間もそんなにかかりません。**


たとえば、世界史で中国の歴代王朝を覚えてみましょう。紀元前21世紀頃にあったとされる伝説の「夏」王朝から現在の「中華人民共和国」まで、リストに書いたメモを読み上げるのに、いったいどれだけの時間がかかるでしょう。

夏、殷、周、秦、漢、三国［魏・呉・蜀］、晋、南北朝、隋、唐、五代十国、宋、元、明、清、中華民国、中華人民共和国。

じつに四千年分ですが、読み上げてしまえばたったの10秒程度です。何回復唱すれば「見なくても言えるようになる」かは人それぞれですが、10回だと1分40秒、30回だと5分、50回でも8分20秒しかかかりません。

駅のホームは、最高の暗記場所

さて、あなたは今、駅のホームで電車を待っています。次の電車がくるまでには、約10分の猶予があるとします。ここでサッとメモを取り出し「中国の歴代王朝」を復唱すれば、単純計算で60回は言うことができます。

数日後にパッと思い出せるかは別として、とりあえず1回何も見ずに言えるようになるには、十分な時間ではないでしょうか？

また**「電車が来るまでにこれを覚えるぞ」と誓いを立てると、自分自身に適度なプレッシャーをかけられます。**ほとんどの人は「あとでもできる」と思った仕事はだいたいあと回しにするでしょう。締め切りが見えてきて初めて「やばい、やらなきゃ！」となるのです。

電車は前々駅→前駅→当駅と刻一刻と迫ってきます。残り時間に覚えきることができるのか、できないのか⁉　この**ドキドキがほどよい緊張感となって、集中力を高め**

てくれます。

ところが、10分程度の待ち時間というのは「電車に乗ったら暗記でもしようかなぁ」などと考えながら、ぼんやり駅の広告看板を見たりスマホをいじっているだけでも、あっという間に過ぎ去ります。

「電車に乗ったら暗記でもしようかなぁ」は、スキマ時間にも勉強をするぞという前向きな姿勢だと自分では思っているかもしれませんが、さにあらず。**受かる人はその時点で10や20は覚えますし、スキマ時間ができたらいつでも取り掛かる準備をしてポケットにメモを入れている**のです。

たかが10分の待ち時間ですが、されど10分です。そうしたスキマ時間がこれから試験・テスト本番の日までに、どれくらいあるでしょうか？　そのたびに受かる人と落ちる人の差はどんどん開いていくのです。

受かる人は
覚えていないところを書き出す

落ちる人は
常に参考書を持ち歩く

新しい参考書を手にいれると、誰もが「よーし、ここに書かれている知識を全部覚えるぞ！」と気合いが入ります。どこへ行くにも持ち歩き、スキマ時間を見つけてはページを繰って頭に入れる——皆さんも同じですか？

じつはこのやり方、

参考書の使い方として、効率的なものではありません。

そもそも、その本に並んでいるのは、全部があなたの知らない知識でしょうか？

だとしたら、あなたが暗記勉強を始めるのは時期尚早です。**暗記というのは一通りの基礎や枠組を理解した上で、効率的に知識の幅を広げるためにする作業**だからです（合格するために何から手を付けるべきかは、後で詳しく取り上げます）。

英単語集を例にご説明します。

英語の語彙力を補強するのに「収録語彙数1500語」の英単語集を使うとします。パラパラとページをめくってみれば、知っている語彙もあるでしょう。仮に3割程度が既知の語彙だとすれば、あなたにとって450語は覚える必要のない〝いらない情報〟ということになります。

さて、残りの1050語でとりあえず「1周目」を終わらせます。1周の目安は1日のノルマを一通りそらで言えるようにして、翌日のチェックで7割がた覚えていたら次に進む……という具合にして、最後のページまで到達することです（あくまで目安の基準です）。

そこから「2周目」に入りますが、時間が経っているので忘れています。半分も残っていたら御の字でしょう。1050語の半分ですから、525語を覚えました。するとその英単語集に収録されているうちの65％（975語）が〝もういらない情報〟になります。

このようにして3周目、4周目、5周目……と回していくわけですが、そのたびに覚えて〝いらなくなった情報〟が増えていくことになります。つまり、**英単語集をカバンの中に入れておくのは、覚える必要のない知識のリストを持ち歩いているのと同じこと**なのです。どう考えても、効率的ではありません。

さらに言えば、同じ英単語集を持ち歩いていると、どのページのどのあたりに載っていたという記憶で、知識を覚えたと〝錯覚〟してしまう弊害も起こりえます。本番の試験では、英単語集に掲載された順番通りに知識の有無が問われることはありません。であるならば、**覚える知識はページや位置や字面でなく、知識そのものとして頭に入れなければならない**はずです。

おすすめの暗記の進め方はこうです。

まず、その英単語集から、覚えるべき知識（＝まだ覚えていない知識）を紙に書き出します。手書きがおすすめですが、膨大な量であればエクセルなどに入力し、プリントアウトするのが良いでしょう。集中力の高まっている時にそれをいったん頭に入れ、スキマ時間に確認するなどして記憶の定着をはかります。

翌日に覚えているかどうか確認して7割覚えていたら、忘れてしまった3割の知識について英単語集に印をつけて、次のノルマに進みます。

覚えるために持ち歩いた紙は、もう使わないので捨てましょう。

こうして1周目を終えたら、**2周目は英単語集に印の付いている知識だけを紙に書き出し覚えていきます。**また、定期的（1カ月に1度とか、1周終えるごと）に英単語集全体を見直して、覚えたはずだが忘れてしまった知識がないか確認し、見つけたら「紙に書き出すリスト」に戻します。

つまり、英単語集は**「掲載されている知識を覚える」ためよりも「覚えていない知識を探し出す」ために使う**のです。

いつも持ち歩いてボロボロになった参考書は「こんなに勉強したんだ」という風格

を感じさせますが、自己満足でしかありません。**大切なのはそこに掲載された知識が頭に入っているかどうか**、その一点のみです。

ここでは英単語集を例に挙げましたが、英語以外の資格試験でも考え方は同じです。大事なのは、「自分が覚えていない知識」を把握し、リストアップすることなのです。

○受かる人は
時間を区切って暗記をやめる

×落ちる人は
覚えきるまで次に進まない

皆さんは学生時代「一夜漬け」をした経験があるのではないでしょうか？　一晩やそこら詰め込んだところで大した量を覚えられるわけでなく、試験が終わるとあっさり忘れてしまいます。まさに**「イージー・カム、イージー・ゴー」（簡単に得たものは簡単に失う）**の代表例です。

暗記は一夜にして成らず。

毎日、時間をかけて積み上げるしかありません。が、時間をかけさえすればいいものでもありません。
完璧主義なのか「今日はこの100の知識を完全に頭に入れる。やりきるまで他のことによそ見はしない！」などと決めて取り掛かる人がいますが、2つの理由で賢いやり方とはいえません。なぜでしょう？

1つにはこのやり方だと「一夜漬け」と同じで、いったんは頭に入ったとしても記憶として定着しにくいからです。**「頭に入れる」作業と「記憶に定着させる」作業は別もの**です。どちらかというと後者がより重要で、繰り返しが必要です。

もう1つには、**時間の使い方として間違っています。**社会人の方ならわかると思いますが、仕事には「デッドライン」があります。所定の期日までに〝パーフェクト〟にならなかったとしても〝できるかぎり〟で切り上げて提出しなければなりません。
勉強も同じです。試験会場で試験官の「そこまで！」の合図があったのに、「あと10秒で終わるから……」

が通用するでしょうか？　すぐ解答用紙から手を離さなければ失格になります。その瞬間の日時はもう決まっていて、あなたがどうあがいても動かせません。残り時間が数カ月もあるとまだ切羽詰まった感じにはなっていないかもしれませんが、今この瞬間もカウントダウンは継続しているのです。

そうした中で「覚えきるまで他のことをやらない」というのは、自分に試練を課しているようで、じつは「締切りを設けない甘え」を許しているにほかならないのです。

試験勉強は、必ず時間を計るべし

暗記に限らず試験勉強は、すべて時間を計ってやりましょう。

時間が刻々と減っていく中で「一瞬でも気を抜いたらノルマが達成できない」という緊張感が集中力を高め、能率を上げてくれます。自分に精神的な負荷をかけ、時間に追われる中でベストを尽くす訓練でもあります。

たかが暗記でも、自分が「ここまでやる」と決めたノルマが達成できずにタイムアップを迎えると、とても悔しい思いをします。でも、ルールなので「延長」はありません。モヤモヤした気持ちを抱えながら、次のやるべきことに着手します。そこで気持ちを切り替えて、次のことに集中するのもまた訓練です。

「次こそはスッキリと区切りのところまで覚えたい」

という心残りは、次回につなげてください。

何回もやるうちに最初は10分で10個も覚えられなかったのが、暗記のコツを体得し20個、30個……と増えていきます。数字で上達が確認できると、ますますモチベーションがアップします。

○受かる人は 苦手科目を優先して覚える

×落ちる人は 得意科目をもっと強くする

限られた時間の中で自分の得意分野を伸ばすのか、それとも不得意分野の穴を埋めていくのかは、悩ましい問題です。

多くの人にとっては、得意科目＝好きな科目・苦手科目＝嫌いな科目でしょう。人は誰しも苦手に挑むより得意なことをやりたいものですし、嫌いなことよりも好きなことをやりたがります。

スポーツや芸術の世界であれば「得意」や「好き」をとことん極めるのもアリですが、こと試験に受かりたいのであれば、

苦手分野を優先して勉強する

のが鉄則です。理由は2つあります。

1つは、**苦手分野を克服するには時間がかかる**からです。

得意分野はとくに決意などしなくても自発的に時間を見つけてやりますし、好きであるがゆえに短期間にガッと取り組むことができるでしょう。

ところが**苦手を克服しようというときは、最初の1歩を踏み出すのに大きなエネルギーが必要です。わからないところが多いので、ちょくちょく壁にもぶつかります。**

基本的な枠組みを理解してある程度の知識がたまるまでは、スイスイはかどるなんてことは期待できません。

だからこそ、なるべく早いうちから手を付ける必要があるのです。

もう1つの理由は、**圧倒的なコスパの違い**です。

たとえば、3科目300点満点のテストがあったとしましょう。配点はそれぞれ100点ずつです。過去問に挑戦してみたところ、得意科目は80点、得意でも苦手でもない科目は50点、苦手科目は20点しか取れず、合計150点でした。

たいていの試験は7～8割正解できれば合格しますから、最低合格ラインは210点と想定します。試験本番までに、あと60点の底上げを図らなければなりません。

そこで「苦手科目はどうもヤル気が起きないから」と得意科目ばっかり勉強するとします。ですが、仮にそれで100点が取れたとしても20点の上積みが限界で、合格ラインには達しません。

しかも、**ほとんどの試験は高難度／中難度／低難度の問題がバランスよく配されているもの**です。得意科目で80点も取れていたら、これから取り組まなければならないのは高難度の問題ばかりということになります。

それに対して20点しか取れていない苦手科目は、〝伸びしろ〟が80点もあります。しかも、**まだ中難度／低難度の問題に取りこぼしがたくさん残っています。**苦手科目の低・中難度の問題に取り組んで60点程度まで引き上げられれば、残りはあと20点。

普通の科目で15点、得意科目で5点上積みできれば合格ラインに達します。

定員を満たす試験や一定割合の合格者が出るテストは、人並み外れた才能を発掘するものではなく、皆が当然にできることができない人を落とすテストです。満点をめざすよりも底上げを図るほうが、目的にも適っています。

多くの人は苦手科目＝嫌いな科目ということで、これまで敬遠してきた（手を付けてこなかった）のではないでしょうか？　**「まだ本気で取り組んだことがない」という ことは「本気で取り組めば伸びしろはデカい」ということ**でもあります。

受かる人は

本番前は体調管理に全力を注ぐ

落ちる人は

本番直前まで詰め込む

最後の一瞬まで全力を尽くす姿勢は立派です。本番まで1カ月を切ったらラストスパートをかけて、最後の追い込みをかけましょう。

しかし、試験の本番直前まで知識を詰め込むのはよくありません。試験会場でも必死に参考書を見返している受験生の姿を見ますが、あまりメリットはないでしょう。

本番直前には「何もやらないくらいがちょうどいい」のです。

「直前に覚えた知識がたまたま試験に出題されて、その1問が合否を分けた」という武勇伝がまことしやかに語られることもあります。

学生の期末テストくらいであれば、そういうラッキーもあるでしょう。しかし、**準備に数カ月〜1年をかけて臨む資格試験などでは、そんな奇跡に期待しなければならないレベルであれば、合格は難しいでしょう。**

資格試験で求められる知識は「頭に入っている」のはもちろん「必要に応じて即座に取り出せる」状態になっている必要があります。それでも、本番では特有の緊張感やプレッシャーから、100%の力が発揮できないのが普通です。できたはずのことができなくなってしまう、頭に入っているはずの知識が出てこなくなってしまうのが、「試験あるある」なのです。

あらかじめそうとわかっているならば、**7〜8割の力しか発揮できなかったとしても合格できるだけの知識・レベルを備えておかなくてはなりません。**その上で、少しでも100%に近い実力を発揮できるようなコンディションにしておくことです。

少なくとも本番直前の2週間前からは、徐々に追い込みを控えてコンディション調整に移行しましょう。「やり残したこと」があったとしても、それはそれで割り切って区切りをつけます。

そもそも試験において、必要な知識をすべて完璧に揃えた上で本番に臨めるなど稀有なことです。「やり残したこと」があるのは当然で、あまりそこを引きずるべきではありません。今ある知識を最大限に使って合格することに、目標を切り替えたほうが得策です。

受かる人の「コンディション調整」

コンディション調整のために、やるべきことはいろいろあります。たとえば睡眠時間の調整です。**本番と同じタイムスケジュールで生活し、試験開始時間にもっとも頭がクリアになるように合わせます。**

それまで「静かな夜のほうがはかどるから」と夜型になっていた人は、朝型に戻すだけでもさらに1~2週間余分にかかるでしょう。

社会人であれば仕事の調整もあるでしょう。試験前日に残業したりせずに済むよう前もって片付けておくとか、上司や同僚に協力を仰ぐとか、事前にできる限りのことはしておきましょう。

寝不足は論外ですが、寝過ぎるのもまた問題です。どれくらいの睡眠時間が適切かは人それぞれですから、自分のベストを把握しておき、備えます。

食事についても、試験前夜に縁起を担いで普段食べ慣れない豪勢な食事をしたり、本番当日に普段は食べない朝食を摂って腹ごしらえしたら、試験時間に眠くなってしまったなんてシャレにもなりません。

試験会場には〝魔物〟がいます。**普段と違うことをして生じた些細な違和感が、焦りと緊張で増幅されて集中力を乱すのです。**試験開始直前まで知識を詰め込もうとする人と、2週間前からコンディション調整に専念する人とでは、どちらがよりよい結果を出せるか——議論の余地すらないでしょう。

受かる人は

まず知識の枠組みを作る

落ちる人は

枠組みを作る前に知識を詰め込む

試験に向けて勉強を始めるとき、何から手を付けるべきでしょうか?
本書は暗記術の本ですから「まずは暗記モノから」と言うと思われるかもしれませんが、さにあらず。

暗記モノは最初に手掛ける勉強ではありません。

まずやるべきは、過去問です。もちろんまだ何も勉強をしていませんから、ロクな点数にはならないでしょう。それはそれでいいのです。何なら最初から答えを見ても構いません。とにかく、最初に手を付けるのは過去問です（これについては100ページで詳しく解説します）。

次にやるべきは、もっとも基礎的なテキストです。「基礎から応用までこれ一冊ですべておまかせ」というような分厚い参考書ではなく、理解の枠組みだけが簡潔に解説してある薄っぺらいものが理想です。

そのテキストで**理解の枠組みを作ってから、知識を入れていく**のです。そうしなければ知識はむき出しのままごちゃごちゃと、頭の中に詰め込まれていきます。束ねてもいないし順番通りに並んでもいないのですぐに満杯になりますし、必要なときに必要な知識を取り出すこともできません。本棚にバラバラに解体した数冊の本のページを1枚ずつ、無造作に放り込んでいくようなものです。

必要なときに出てこない知識は、知らないのと同じこと。**理解の枠組みができる前に暗記モノを手掛けるのは、まったく効率的ではない**のです。

私がこれからまったく未知の言語、たとえばアラビア語をゼロから学ぶとしたら、まずはいちばん簡単な文法書を手に取るでしょう。

そこでアラビア語の文法構造は「ＶＳＯ型」であるとか、文字は右から左に書くとか、名詞には男性形と女性形があるといった大枠をまずは理解します。

もちろん、その大枠を理解するのにも、最低限の単語は知らなければなりません。文法書にも例文などで語彙はたくさん出てきます。

それらは、アラビア語を理解する上で必要不可欠な知識として覚えておく必要があります。

これも暗記の作業ではありますが「暗記モノ」とは別扱いとします（覚え方に違いがあるわけではありません）。

そのテキストをやり終え基礎的な例文が読み書きできるようになって初めて、語彙を増やすための暗記をスタートします。

ルールを理解していればこそ辞書を引くこともできますし、例文の語彙を入れ替えたり当てはめたりして文の内容を把握することができるのです。

理解の枠組みを作るより前に単語の意味だけを知っていたところで、ほとんど使い道はないでしょう。

文に含まれる単語をすべて知っていたら、あるいは意味が通るように並べ替えてそれっぽい訳をひねり出せるかもしれません。けれども、それだけの知識（語彙量）を備えるまでひたすら丸暗記というのもずいぶん遠回りな話ですし、言語というのは語順がひとつ違うだけでまったく違う意味になってしまうこともあるわけです。

勉強でも仕事でも、**まずは原理原則を知らなくてはなりません。**その上で、知識を充実させてさまざまな事例に対応できる幅をもたせていくのです。

「暗記モノに手を出すのは、理解の枠組みを作ってから」と心得てください。

○ 受かる人は いろんな場所で覚える

× 落ちる人は 決まった場所で覚える

勉強はどこでもできます。

通勤電車に揺られながらの20分間、駅のホームで電車の到着を待つ5分間、定食屋で注文した料理が出されるのを待つ10分間、コーヒーのお湯を沸かしている2分間、トイレでひと息ついている3分間、公園を歩きながらの5分間、ベッドに入り眠りにつくまでの15分間……これだけで60分間の勉強時間を確保できます。

受かる人は細切れの時間を有効に使います。

5分とか10分といった細切れのスキマタイムは、とくに何をするでなくとも簡単に流れていきます。けれども、仮に1日60分間の勉強時間を新たに捻出できたなら、1カ月で30時間、1年で360時間にもなります。

試しにストップウォッチを持って、1日にどれくらいのスキマタイムがあるか計測したらいいと思います。**日頃忙しい人でも、その気になれば最低30分くらいは新たな勉強時間を確保できる**はずです。

とはいえ、さっきまで他の作業をしていたのに、パッと「勉強モード」に頭を切り替えるにはコツがいります（これは習慣化することで身につきます）。長文を読み込むとか、手順を踏まないと正解に辿り着かないような勉強も向きません。

そういう意味で、**暗記モノはスキマタイムの活用に最適**です。1つの用語と意味を唱えるには10〜15秒もあれば足りるでしょう。そうすると1分間で4つ、3分間あれば12の知識を覚えることができます。

そのためには、**いつも覚えるべき知識のリストを準備しておく**必要があります。

「あ、今、勉強できる。何をやろうかな……」と、カバンの中を漁っているだけで20秒くらいはロスします。ポケットにメモが入っていて「スキあらば覚える」ようにしておきましょう。

「色々な場所で覚えること」の効能

スキマタイムに暗記モノが最適なのには、もう1つ理由があります。それは、**思い出す手がかりに「場所」という小さな〝とっかかり〟が加わる**ことです。

たとえば、出会った人の記憶にはさまざまな〝とっかかり〟がついています。日時や場所やシチュエーション、着ている服や髪型や、誰と一緒だったか、何を話したか、笑っていたのか怒っていたのか、第一印象はどうだったのか……etc。たとえその人の名前が記憶の奥底に沈んでいても、そうした〝とっかかり〟を頼りに引っ張り上げて思い出すことができます。

ところが、リストに並んだだけの知識の羅列は、ともすれば順番を組み替えた文字や数字の羅列でしかありません。そうした知識は無機質で無表情なので、頭に入れても思い出すのに苦労するわけです。

いろんな場所で覚えると、無機質で無表情な知識に「位置情報」という小さな〝とっかかり〟を1つ、付け加えることができます。リストを見ながら、

「あれ!? この用語さっき覚えたな……あ、餃子を待ってる時だ！」

こんな些細なヒントでもいいのです。「1回、奥に沈みかけたところを引っ張り上げた」履歴が残ると、記憶に定着しやすくなります。引っ張り上げるたびに〝とっかかり〟は増えるので思い出しやすくなりますし、最終的には瞬時に出てくるようになり〝とっかかり〟すらも必要なくなります。

こう考えると、**暗記モノ（とくに思い出す作業）はいつも勉強している場所とは違う場所でやったほうが効果的**かもしれません。

受かる人は

毎日ノルマに少し届かない

落ちる人は

決めたノルマをきっちり覚える

毎回きっちりノルマを達成する人と、いつもギリギリのところで届かない人――あなたはどちらになりたいですか？　おそらくほとんどの人は「達成できるほう」を選ぶでしょう。

受かる人は「今日はここまで」と決めたノルマに、毎日少し届きません。

ビジネスであれば「未達」は責めを負いますから、当然ノルマは達成できたほうがいいに決まっています。しかし、日々の勉強はそうではないのです。

たとえば、毎日20個の知識を覚えると決めて、その通りに達成したとします。**ノルマを達成できたらスッキリして寝付きはいいでしょうが、もうちょっと頑張ればあと2つくらいは余分に覚えられたかもしれません。**

1日20個ずつ覚えるノルマを継続すれば、10日間で200個の知識が身に付きます。けれども毎日「あと2つ」を追加できたら10日間で220個、1日ぶんのリードは決して小さくないでしょう。

私は健康のために筋トレをやっていて、ベンチプレスで120キロが上げられるようになりました。筋トレは毎日やるものではありませんが（同じ部位を毎日やるのはかえって逆効果になるので）、トレーナーについてもらって週1〜2回、少しずつ重量を増やしてきました。

最初は50キロくらいから始めたのですが、「50キロを10回×3セット」を何カ月続けても、120キロが上げられるようにはなりません。毎回「上げられるか、上げられないか」ギリギリのところを攻めるのです。

そうすると、先週は全身プルプル震えながら、トレーナーの助けを少しだけ借りて辛うじて持ち上がった重量が、今週は何とか自分だけでも上げられるようになっています。102％（2％はトレーナーの手助け）の力を要していたものが、100％でできるようになった。小さな成長ではありますが、これを積み重ねることで120キロまで記録を伸ばすことができたのです。

暗記と筋トレは同じ

暗記の能力も同じです。私の経験上、最初は1日に20個覚えるのがやっとでも、毎日ギリギリのところを攻め続けることで、1日に覚えられる知識の量が増えていきます。

「決めたノルマをきっちり覚えられる」ということは、まだ余力が残っている証拠であり、暗記の量を増やす効果にはつながりません。

「それなら最初からノルマなんか設定せず、〝できるだけたくさん覚える〟でいいんじゃないか？」

と思われるかもしれませんが、それも違います。人間というのは基本的に弱い生きもので、ノルマを設定しないとすぐに甘えが出ます。

仕事で疲れているから、昨日あまり眠れていないから、ほかの勉強に取り組みたいから、昨日より1つ多く覚えたから……など、いろいろな理由を見つけて「ここまでが今日の〝できるだけたくさん〟だ」と、自分で勝手に限界を設けて到達したことにしてしまうのです。

ノルマに到達しなければ悔しいし、自分にふがいなさを感じます。そのモヤモヤを明日のモチベーションにしてください。**届きそうで届かない目標に手を伸ばすからこそ、昨日の自分を超えることができる**のです。

受かる人は

週末までに覚える範囲を宣言する

落ちる人は

覚える範囲は自分自身と約束する

勉強は自分一人でするものです。暗記などその最たるもの、自分がいつまでにどこまで覚えるかなんて、他人の知ったことではありません。

しかし、前項でも書いたように、人間は弱い生きものです。自分自身との約束を果たさなかったとしても、誰にも迷惑をかけませんし、誰も責める人はいません。となると、都合のよい言い訳をあれこれ見つけて、そこに逃げ込んでしまいます。

試験で結果を出す人は、ビッグマウスが多いです。

あなたは数カ月後に受験する試験について、周囲に話しているでしょうか？　まさか誰にも言わず〝こっそり受験〟するつもりではないですか!?　だとしたら、それはなぜでしょう？　いや、聞くまでもありません。受からなかったら恥ずかしいからです。

試験を受けることは、本来こちらから言わなくてもいいことです。言ったら言ったで、必ず「どうだった？」と聞かれます。聞く方も「自信があるからわざわざそんなことを言ったのだろう」と思うので、当然朗報を期待します。

それが「ダメだった……」ではまったく格好がつきません。聞いた方も気まずい気持ちになります。微妙な空気が流れて「まぁ次は頑張ってよ」とありきたりの言葉を掛けて、そそっといなくなるしかありません。

そんな思いをするくらいなら、前もって試験を受けるなんて言わないで黙っておく。いい結果が出た時だけ「じつは試験勉強をしてたんだ」でもいいわけです。前であろうが後であろうが、合格したら「おめでとう！」と言ってもらえるのは同じです。

周囲の評価だけを考えるならそれがまっとうな選択ですが**「宣言してできなかったら恥ずかしい」を逆に利用することで、自分自身をやるしかない状況に追い込むことができます。**退路を断って「背水の陣を敷く」というやつです。

人は何かを与えられる期待より、何かを奪われる不安の方が勝るようにできています。**「成功したら1億円」より「失敗したら死刑」と宣告されるほうが、必死になるのです。**生き残ることを優先する防衛本能と言ってもいいかもしれません。

自ら「背水の陣」をつくりだす

この心理をうまく活用すれば暗記も着々と進みます。友人や同僚たち（グループなどまとまった複数人数が望ましい）を前に、

「今週中にリストのここからここまでを全部覚える！　もしできなかったら全員に焼肉食べ放題をごちそうするよ！」

と宣言します。「絶対に覚えてみせる」だけだと「どうぞ頑張って」と他人事で終わるでしょうが、ご馳走がかかっているので否応なく注目されます。こちらとしても言った以上は引っ込みがつきません。

しかも、できなければその宴席の場に自分は敗者として同席しなければなりません。

「できないことをわざわざ〝できる〟と宣言して、このザマはないね。あはは」

試験勉強で忙しいのに（そういう時に限って勉強したくなるものです）、貴重な時間を割いて笑い者になるために自腹まで切らなければならないのです。たかだか覚えられなかったくらいでこれほどの屈辱を受けるなら、頑張らざるを得ないでしょう。

この作戦は、**少し伸び悩みを感じたときにここぞとばかりに繰り出すことと「正直、これだけの数は少し難しいかな」と思うくらいを〝絶対にできる〟と言い切るのがコツ**です。退路を断って背水の陣を敷くのに、普段からできているボリュームをあたり前に言っても意味がありません。できるだけ仰々しく、相手を挑発したりして憎たらしく言えれば、より一層効果的です。

受かる人は
ギラギラした欲望を抱く

落ちる人は
キレイゴトの夢を語る

試験勉強に立ち向かう原動力は〝欲望〟です。「この努力は合格につながっている。試験を乗り越えたらやりたいことができる」と思えるからこそ、しんどい暗記モノもコツコツ頑張れるのです。ここであえて〝夢〟と言わず〝欲望〟としたのは、

生々しい欲望ほど、モチベーションを掻き立てる

からです。

たとえば「なぜ、あなたはその試験に挑戦するのですか?」と聞かれて、

「弁護士になって弱い立場の人を助けたい」

「医師になって病気の人を治してあげたい」

「社会の役に立ってたくさんの〝ありがとう〟を言われたい」

というようなお手本通りの〝夢〟を語る人がいます。それ自体はもちろん悪いことではありませんし、本心から崇高な理念で高みを目指している人もいるでしょう。

しかし、人間には、もっと俗物的で煩悩にまみれた、欲深い面もあります。**しんどい試験勉強を乗り切るには、ギラギラした動機があったほうが有利**です。

「金持ちになりたい」

「異性にモテたい」

「億ションに住みたい」

だいぶ、ギラギラしてきました。それでも、モチベーションを焚きつける燃料としてはまだ少々不足です。**欲望が漠然としていて想像の域を出ていません。**「どうせ無理だろうけど言ってみた」感が残っています。

できれば成功してブイブイ言わせている人を探して「現実のサンプル」を目の当たりにすると、より**手触り感のある欲望**が抱けるでしょう。

「自分も年収3000万円を稼いでマセラティを乗り回すんだ！」

「合格したら○○さんにプロポーズして絶対Yesと言わせるぞ！」

「資格でキャリアアップして、来年、あのタワーマンションに引っ越す」

これくらい**具体的で〝ギラギラした欲望〟が抱けたら、もう大丈夫。**ちょっとやそっとでは挫けません。煮詰まったり壁にぶち当たったら、輸入車のショールームを覗いてみたり、○○さんに「試験に合格する」と宣言してみたり（退路を断って「背水の陣」を敷く作戦です）、住みたい街を散歩しながら暗記モノに取り組むのもいいでしょう。

司法試験などでは合格者に話を聞くと、将来の具体的なイメージができてよいともされますが、私は懐疑的です。

自分が憧れている特定の人なら効果があるかもしれませんが、誰かのツテで紹介してもらった人に話を聞いても、モチベーションにつながるかどうか。ひとくちに弁護士といっても仕事の内容もスタンスも人それぞれです。勉強法のアドバイスを求めても、その人のやり方が自分に合っているとは限りません。

「弁護士になってトクしたことって何ですか?」「ぶっちゃけ年収はどれくらいですか?」「やっぱりモテますか?」など欲望をダイレクトに刺激する話が聞けたら価値はありますが、とくに親しくもない目上の人にそんなゲスな質問ができるか、また相手がノリノリで答えてくれるかどうかは大いに疑問です。

第2章

ラクして覚える暗記計画

ん〜おいしー
ほらほら先輩もたくさん食べてください
現金なやつ
お肉は人を幸せにするんです
今日模試をやってみてどうだった？
どっかで見たような単語が思ってたより多かったですね
思い出せそうで思い出せない感じのやつばっかで
わかったのは3割くらい？
ちなみに
私は8割
先輩は昔から記憶力いいですもんね
もぐ
たぶん覚え方の違いじゃない？
覚え方？

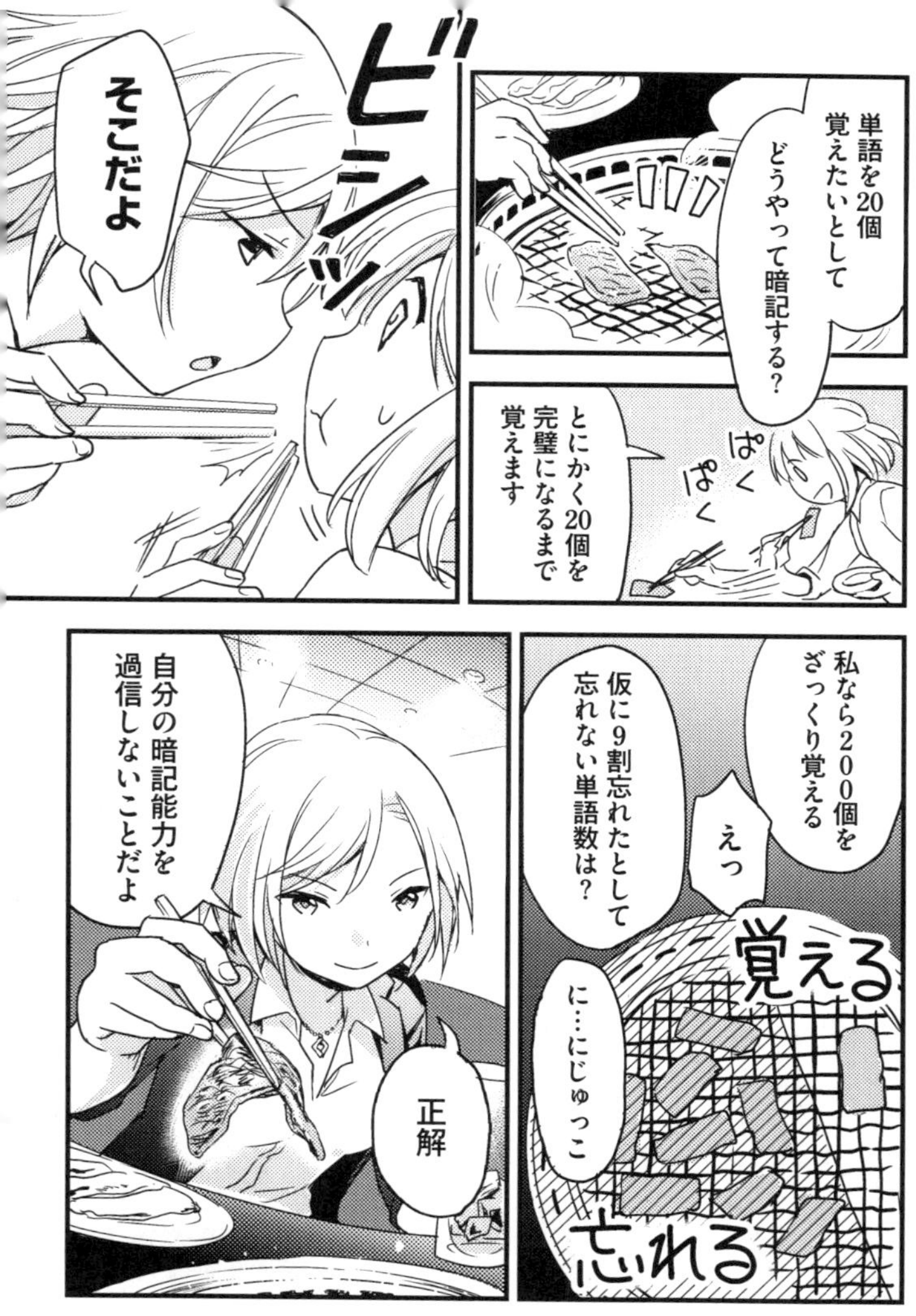
単語を20個覚えたいとして
どうやって暗記する?
とにかく20個を完璧になるまで覚えます
ぱく ぱく
ビシーッ
そこだよ
私なら200個をざっくり覚える
えっ
仮に9割忘れたとして忘れない単語数は?
に…にじゅっこ
覚える
忘れる
自分の暗記能力を過信しないことだよ
正解

ついでに言うと
そのサラダ
野菜も大事なので
全種類
とってきました
食べきれるの?
が…頑張って
食べます!
うっ
無理なら
とってこなきゃ
よかったのに
なんか
そうしなきゃ
いけないような
気がして…
自分が
食べられる量を
見極めないと
肝心のお肉が
入んないよ
優先順位をつける!
あれもこれも
欲張らない!

は…はあ
勉強だって同じ
あんたのその本の山だって全部読みきれないし覚えきれてないでしょう？
ヤマはるくらいがちょうどいいんだよ

はぁ…
かばんに入れてた参考書全部没収された…
参考書は預かった！
返してほしくばこの2冊を丸暗記して出直してきな
って重ッ！
でもこのくらいなら覚える量も少ないし暗記も簡単そう
むしろすぐに終わっちゃうんじゃない？
簡単簡単

ぜんっぜん目標達成できてないっ!!
なんでー!?
仕事は忙しいけど量は少なかったから休日まとめてやればいけると思ってたのに…
今月ってもう終わり!?
今月の目標！
文法
→問題集を2周
単語
→300単語覚えろ
できませんでし
（つд`）゜。
ピローン♪
1カ月単位の目標をたてるとどこかで怠けるから細かい時間単位を設けるといい
言うの忘れてたわ（笑）
そういうことは先に言って
先輩!!

受かる人は
過去問から手をつける

落ちる人は
暗記モノから手をつける

これから試験に受かるためにイチから勉強を始めようという人が、**まずやるべきは「過去問」**です。

「まだ何も勉強を覚えてないんだから、問題なんか解けっこない」と思われるのは当然です。でも、それでいいのです。なんなら**答えを見ながら問題を解いても構いません。**なぜならそれは「現時点でどれくらい解けるか」を知るためではなく、

問われている知識の深さ・広さを知るため

だからです。

勉強を始めていない段階で過去問を読んでも、まず「何を問われているのか」がわからないかもしれません。

その状態で解答を見ても「なるほど、こういうことね！」とはなりません。問題と解答の両方を読みながら「どうしてこの問題からこの解答になるのだろう？」と考えることになります。

「過去問を見てろくに問題を解こうともせず解答を見るのはズルなんじゃないか」と後ろめたい気分になるかもしれませんが、そんな潔癖さはまったく意味がありません。最初のうちは問題と解答を突き合わせるだけでも、十分な気づきが得られます。

最も重要なのは、**これから何をやらなければならないのかの本質がわかる**ことです。

第1章でも説明しましたが、ある知識について「選択肢が正しいか間違っているか」がわかればいいのか、「時系列で正しい順番に並べ替え」なければならないのか、「固有名詞を正しく書く」ことができればいいのか、提示された内容について「字数制限内で正確に記述」しなければならないのかによって、どこまで知識を覚えるかは違ってきます。

最高難度で備えておけば、それよりも浅い知識で足りる問題にはすべて正解できます。けれども、そういった**「大は小を兼ねる」的な発想は試験の本質を見誤り、合格の可能性を却って遠ざけてしまう**のです。

何を問われても答えられるだけの知識を備えて試験に臨むのは、かっこいいかもしれません。けれど、それを達成するのにどれだけの年月がかかるでしょう？　あなたには日々の仕事もあるはずです。一日も早く試験に合格し資格を取って、次のステップへ進まなければなりません。

実践の場で必要な知識は、合格したあとでも覚えられます。もしかしたら試験対策に特化しすぎることでのちのち苦労するかもしれませんが、そもそも合格しなければそんな苦労もできません。

合格するには出題される問題に正解しなければなりません。では、どんな問題が出題されるのか――いちばん近いサンプルが「過去問」です。問題作成者本人が作った本物なのですから、間違いありません。まずは過去問にあたるのが王道にして、最大の近道です。

受かる人は

ヤマをはって覚える

落ちる人は

出そうにないところも覚える

誰にとっても暗記は苦痛です。

まるまる1日勉強だけやっていれば良かった学生時代と違い、社会人になると勉強に充てられる時間も限られてきます。

そうした中で、出題範囲の知識をすべて完璧に覚え、次回の試験に備えるというのは現実的ではありません。では、どうするか？

出題されそうなところに、ヤマをはって覚えるしかありません。

「ヤマをはる」というと〝イチかバチかの出たとこ勝負〟を想像する人もいるかもしれませんが、決してそうではありません。問題作成者の、

「受験者にはここだけは外さないで欲しい」

という意図を付度《そんたく》して、優先順位の高い順に勉強するのです。些末《さまつ》な知識を問うような問題はメインではありませんし、配点もわずかです。思い切って捨ててしまいましょう。

試験に落ちる人は、出る可能性のある知識を何から何まで覚えようとします。
試験に受かる人は、覚える知識と覚えないでいい知識の取捨選択ができます。

では、問題作成者の意図はどこで知ることができるでしょう?

皆さんはもう答えを知っているはず。そう「過去問」です。

「過去に出題された問題は、もう出ないのでは?」

と言う人がよくいるのですが、そんなことはありません。**どんな試験も5~10年ぶ**

んもさかのぼって過去問をやれば、必ず似たような問題が出ていることに気づくでしょう。まったく同じ問題が出ることも、珍しくありません。

なぜ、問題作成者は受験生にバレているのを承知で、毎年同じような問題を出すのか？　合理的に考えられる理由は2つです。

①その問題が問題作成者の「十八番《おはこ》」（自信作）だから
②合格者には絶対備えておいて欲しい知識だから

さすがに毎年は出ないけれど、ちょくちょく出る問題というのもあります。**過去問を何年分もやることで、出題範囲の中に〝濃淡〟があるのが見えてきます。**

毎年出る知識を重要度A、数年に1度出る知識を重要度B、1回しか出なかった知識を重要度Cという具合に、レベル分けしてもいいかもしれません。

さあここまでわかったら、やるべきことは明らかです。

濃い問題／重要度Aの知識を徹底的に覚えて確実にモノにします。逆に、淡い問題／重要度Cの知識は捨てます。**これが〝ヤマをはる〟ということです。**

過去問に何度も出てくる知識というのは、受験生全体の正答率が高くなります（合格レベルに達する受験生なら、過去問にはきちんと目を通してくるから）。**資格試験では正答率の低い問題をモノにするより、正答率の高い問題を確実に得点することが合格への近道です。**

ちなみに「次回の試験から問題作成者が変わったらどうしますか？」という質問を受けることがありますが、それもご心配には及びません。問題作成者は年度によって正答率や合格者数が極端に変わることを、最も危惧するものだからです。**問題作成者が変わればなおのこと、過去問に寄せてくる**のが常道です。

過去問は問題作成者と受験生のただ1つの接点です。もしあなたが問題作成者に、「次の試験ではどこが出ますか？　どこまで覚えておいたらいいですか？」

と聞きたいなら、過去問を徹底的に見返すことです。その答えは、ちゃんと過去問に出ています。

受かる人は

模試は必ず1回目から受ける

落ちる人は

ちゃんと覚えてから2回目の模試を受ける

模試は実戦と類似した問題に当たることができる貴重な機会です。

その道の専門家が（当然、過去問を分析した上で）本番に類似した問題を作成し、本番と同じ時間制限でそれを解きます。また、合否判定も出るので自分が今どの程度の位置にいるのか、客観的に知ることもできます。

模試があったら、受けましょう。

大学入試だと、受験生が本格的に勉強をスタートするのは前年の3月からとほぼ相場が決まっています。ところが社会人の資格試験では、スタートのタイミングは人によってかなりバラつきがあります。

本番までに月日の余裕があると、まだ勉強を始めていない人も多いでしょう。テキストも暗記モノも手つかずで模試を受けても、どんな結果になるかは目に見えています。合否判定が出てもまるで参考になりません。

模試もタダではありませんし、貴重な休日の半分くらいは潰れます。

「だったら、その半日を勉強のスタートに充てた方がはるかに有効なのではないか？」

こう考えてパスする人の気持ちもわからないではありません。

モチベーションを呼び覚ます4つの要因

しかし、それでも模試は受けるべきです。

私はいつも**「モチベーションを呼び覚ますには4つの要因がある」**と教えています。4つの要因とは**「監視」「競争」「承認」「危機感」**なのですが、この場合は「危機感」があなたを奮い立たせてくれます。

準備不足で模試を受けても案の定、まったく歯が立ちません。周囲の受験生は着々と勉強を進めているのか、涼しい顔でカリカリと鉛筆を走らせています。自分だけがああだこうだと理由をつけて勉強を先延ばしにしてきたようです。

まだまだ日数はあるからとたかをくくっていたけれど、急に「あと○日」が短く感じられるようになってきます。

「やばい、このままじゃ合格できない！」

模試を終えて会場を出たあなたは、帰宅してすぐにテキストを開くでしょう。明日からはポケットに暗記モノのリストが入っているはずです。これが「危機感」で呼び覚まされるモチベーションの効果です。

そうすると次回の模試は、それなりの勉強をした上で挑戦できます。

計画通りに勉強が進み合格に近づけば（努力が認められた）という「承認」欲求が満たされて、さらなるモチベーションがわいてくるでしょう。もし計画通りに進んでいなければ、さらなる「危機感」がお尻を蹴り上げてくれます。

1回目の模試を準備不足を理由にパスしていたら、ギアが入るのが1～2カ月は遅れます。もしかしたら2回目の模試も「まだ準備ができていないから」とパスしてしまうかもしれません。

自分のモチベーションをコントロールするためにも、模試は有効に活用しましょう。

受かる人は

追い込みから暗記する

落ちる人は

本番1年前から暗記する

「理解と暗記はどちらが大切ですか？」

という質問をよく受けます。暗記が〝知識を頭に入れること〟とするならば、どちらも同じくらい大切です。知識なくして理解はできませんし、理解していない段階で知識だけを詰め込んでもほとんど役に立ちません。

理解と暗記は相乗効果、二者択一ではありません。

とはいいながら、勉強の段階（あるいは試験本番までの残り期間）に応じてその時々にどちらをやるべきかということであれば、違いはあります。

最初に必要なのは理解です。それも学習範囲を大きく俯瞰《ふかん》して、科目ごとの全体像を把握します。

具体的にはいちばん**基礎的な薄いテキストを選び、わかる／わからないは別として、とりあえず最初から最後まで通しで読んでしまいます。**

これによって、試験本番までの残り期間に自分がどんなことを勉強しないといけないのか、難所と思われる部分がどの辺りにあるのか、耐えるところ進むところ、スパートを仕掛けられそうなポイントなどをざっくり把握するのです。

基礎的な薄いテキストを最後まで読み終えたら、今度は丁寧に読んで理解を深めていきます。

その際、理解に不可欠な知識に出会うので、知らなければ書き出して覚えます。以降、過去問をやったり模試を受けたりするたびに、不可欠な知識は書き出して覚えていきます。
こうして**本番までの3分の1くらいまでは理解を構築する勉強を中心に据えながら、出会った知識をリストにし、その都度頭に入れていきます。まだ暗記本は使いません。**

暗記作業を始めるタイミング

ある程度の理解の枠組みができたら、今度は中身を充実させることに徐々に重点を移していきます。この段階では、知識を知識として取り込んでいくほうが効率が良くなってきます。ここではじめて本格的な「暗記作業」を始めます。
ここまでで**「なくてはならない知識」はひと通り身についていますから、今度は「あったほうがいい知識」を入れていく作業**になります。コツを得れば覚えられる量はどんどん増えていきますので、相乗効果でさらに理解も深まります。

ただし、新しい知識をどんどん詰め込んでいくのは本番まで3分の2くらいのところで終わりにするのが理想です（そこをピークにもってくる）。暗記の作業とは知識を頭に入れる「インプット」と、頭の中にある知識を取り出す「アウトプット」のセットで成り立っています。「インプット」の方がしんどくて強度が高く、「アウトプット」は強度が低いのですが何回も繰り返さねばならず日数を要します。

ということは、本番直前まで新しい知識を詰め込んでも、それが使いこなせるかどうかは微妙です。であるならば、最終コーナーを回ってからはひたすら「これまで頭に入れてきた知識がスムーズに出てくるようにする」アウトプットの練習を繰り返すのが良策です。

この順番を間違えて、最初に暗記から始めてしまうとどうなるでしょう？

理解の枠組みがないと知識を1つずつ丸呑みするしかありません。たくさんの周辺知識が複合的につながりあってストーリーを形成するということがなく、また同じ理由で思い出すのにも労力を要します。決してムダにはなりませんが、効率は悪いと言わざるを得ません。

ただし、本番まであと数週間しかないのに理解も知識も揃っていないということであれば、もうチカラワザで暗記をしていくしかありません。

本番でどこまで使いこなせる知識にできるかもわかりませんが、何もやらないよりはマシでしょう（そうならないように、学習計画をきちんと立てましょう）。

○受かる人は

翌日に復習する

×落ちる人は

一通り終わってから復習する

暗記とは「覚えて↓忘れて↓思い出す」の繰り返しです。

これを何度も繰り返していると、脳は「この知識はしょっちゅう必要なんだな」と認識して、いつでも手の届くところに置いてくれます。そうするともう忘れることはありませんし、意識して思い出す作業すら必要なくなります。

忘れかけたところで思い出すのがミソです。

たとえば、なにかのついでに紹介されてさらっと名刺交換しただけの人は、よほどインパクトのある出会いでなければ、翌日にはもう忘れかけているでしょう。でも、もちろん完全に忘れたわけではなく挨拶したこと自体は覚えているので、なんとか記憶を手繰り寄せて思い出そうとします。

「えっと、この人の名前はなんて言うんだっけな？　確か〝た〟から始まる名前だ。た、た、た、たなか、たむら、たばやし、たどころ……あっ、田町さんだ！」

こんなふうに思い出したら、もう4～5日は覚えています。けれどもそれ以降接点がなくなれば、また忘れてしまうでしょう。そうして、3年後に偶然再会した時には、お互い「はじめまして」なんて挨拶しているかもしれません。

エビングハウスの忘却曲線

「エビングハウスの忘却曲線」をご存じでしょうか？

ドイツの心理学者ヘルマン・エビングハウスが「記憶と時間の関係」を調べた実験で、縦軸を保持率（覚えている確率）・横軸を経過時間としてグラフ化したものです。

それによると人間の脳は、いったん取り込んだ知識を思い出さないでいると**「1時間後には56%、1日後に74%、1週間後に77%、1カ月後には79%忘れてしまう」**のだそうです。グラフは最初がほとんど垂直に近い落下で、1日でほぼ落ちきって、その後はなだらかに減っていく曲線を描いています。

この実験に使われた知識とは、【子音・母音・子音】で構成される無意味な音節（rit、pek、tas……など）です。見るからにインパクトがなく、思い出す〝とっかかり〟もなさそうな音節の羅列ですから「1日後に74%を忘れている」という絶望的な数値が、皆さんが取り組む暗記モノの知識にそのまま当てはまるわけではないでしょう。

とはいえ、**覚えた直後から急激に忘れ始め、そのままにしていると翌日には多くが残っていない**（翌日まで覚えていられたものは、その後も数日間はだいたい覚えている）という忘却曲線のカタチ自体は、実感と照らし合わせても腑に落ちます。

ですから暗記は1日1回1時間だけやるよりは、20分ずつ3回に分けて「覚えて↓

思い出す」を繰り返した方がいいですし、**翌日に忘れかけてしまった大部分をそのまま放置せず〝引っ張り上げる〟作業をする**のがとても大切になるのです。

たとえば、私は大学受験でも司法試験でも、朝の静かな時間をインプットの作業に充てていました。その日に覚える知識を紙に書き出して暗記リストを作り、いったん頭に入れます。

出かける時にはそのリストをポケットに入れ、スキあらばいつでもパッと出せるようにしておきます。電車の待ち時間、仕事の合間、トイレ休憩、コーヒータイム……**3～4時間に1度くらいはリストを見直すチャンスがある**でしょう。

1日に何度かのスキマ時間で忘れかけていたのを思い出し、就寝前（私の場合はお風呂がベストタイムでした）に仕上げをやって眠りにつきます。

そうして翌朝、**目が覚めて最初にやるのは昨日のリストの復習**です。何度か「覚えて→忘れて→思い出す」を繰り返したものですから強度は低く、頭がクリアになるまでの準備体操に最適です。

また、忘却曲線のボトムに近いところから一気に引っ張り上げてやることで、記憶の彼方に埋もれていってしまうのを効果的に防ぐことができます。暗記モノは翌日の復習こそがいちばん大切なステップです。

受かる人は
毎日200個覚え180個忘れる

落ちる人は
毎日20個ずつ確実に覚えていく

毎日200個ずつ頭に入れても翌日に180個を忘れてしまえば、20個の知識しか残りません。欲張って詰め込んでも大半が流れ去ってしまうなら、毎日20個ずつをコツコツ確実に貯めていくほうが自分の性格に合っている――そう考える人も少なくはないはずです。

結果的に得る知識が同じなら、ムダがないぶんだけ後者の方が効率的とさえ思えます。しかし、実際にはそうならないのが暗記です。

そもそも「確実に」というのが妄想だからです。

理解ならいったん「わかった！」と手応えをつかんだら、次からは確実に正解できます。ところが暗記は「覚えた！」と思ったところも、翌日にはあっさり忘れています。知識は「忘れては思い出し、また忘れては思い出し」を何度も何度も繰り返さないと、記憶として定着しないのです。

「一歩一歩、着実に前進んでいく」

「コツコツと積み上げていく人が強い」

日本人はこういった価値観を尊いとする文化なので、欲張らずに少しずつ覚える方が報われると思いがちです。ですが、**こと暗記に限ってはある程度欲張って多めに取り込んだ方が、結果的に多くが手元に残ります。**

「ざっくり覚える」を繰り返す

たとえば、収録語彙数２０００語の単語集があるとします。

1日20語ずつを〝確実に〟覚えていくと、100日間で1周が終わります。ところが2周目をやろうと最初の20語に戻ってみたら、半分以上が記憶に残っていなかったなんてことは、普通にありえる話です。

このことは「エビングハウスの忘却曲線」でも説明することができます。いったん覚えた知識でも時間が経過するとどんどん忘れていってしまい、100日も経つ頃には引っ張り上げることすら難しくなっているのです。

「おかしいな……確実に覚えたはずなのに、なんでこんなに忘れているんだ⁉」

こうなると、覚えていないことが苦痛になります。やっぱり自分は暗記に向いていないんじゃないか、どうせ今日の20語も確実には覚えられないんじゃないかとネガティブな思考に陥っていきます。

本当は暗記に向いている人なんて滅多にいないし、覚えられないのが普通なのです。それでも「真面目にコツコツ」を暗記のモチベーションとする人は、それができない自分を許せず、ついには挫折してしまうのです。

一方、毎日200語ずつ覚えるやり方はどうでしょうか？

とりあえず忘れる分は気にせずに進めたら、10日間で最初の1周が終わります。そこで最初のページに戻ってみたら、180語を忘れています。そこで忘れた200語ずつを覚えていくと、今度は9日間で2周目が終わります。

3周目は8日間、4周目は7日間、5周目は6日間……というふうに、**1周回すのにかかる日数はどんどん短縮されていきます。**

そのたびに「忘れてしまった語」を覚え直すことになりますが、毎回同じ単語を目にすることになるので「またこの単語がきたか」となって、**1日に覚えられる量も加速度的に増えていく**のです。

結果的に、毎日200語を覚えて180語を忘れる（そしてまた200語を覚え直す）やり方のほうが「覚えて↓忘れて↓思い出す」を繰り返す作業になっていますから、記憶に定着する知識は多いことになります。

○受かる人は 頻出順に覚える

×落ちる人は ABC順に覚える

重要事項の暗記作業用に編集された参考書には、教科書の章立てに即した構成になっているものと、過去問を分析し頻出順に構成されているものがあります。

学生が定期テストを想定して使うなら前者ですが、

資格試験に受かるためなら頻出順の一択です。

高校時代の日本史／世界史を思い出してみてください。

教科書は日本史なら「縄文時代」、世界史なら「世界四大文明」（現在は六大文明になっています）から始まって、最後は「近現代史」まで網羅していますが、多くの学校では授業時間が足りなくなって「近現代史」まで到達しません。

ところが、大学の入学試験で「近現代史」は頻出です。社会科の先生は「俺は大学入試のために教えてるんじゃない」と反論するかもしれませんが、志望校に合格したいならこのミスマッチは自分で何とかするしかないでしょう。

その試験の「大事なところ」を把握せよ

法学部で使う法律の教科書も同じで「憲法の歴史」から始まります。

「憲法とは国家の統治体制の基礎を定める法であり、１７９１年のフランス共和国憲法が最初の成文憲法である。日本ではドイツのワイマール憲法を参考に１８８９年に大日本帝国憲法が公布され……云々」

ご丁寧に自作の年表までこさえて覚えようとする人もいるのですが、**司法試験に出題されたことはほとんどありません。**

もちろん知識を体系立てて学ぶには、「流れ」を押さえることも必要です。だからこそ、私は**教科書やテキストを手にしたら、まずは通しで最後まで読んでみて、この教科ではどんなことを学ぶのか、どのあたりにポイントがあるのかをざっくりと把握**することをおすすめしているのです。

子どもにサッカーのルールを教えるときに、競技規則の第1条から始めるでしょうか？

競技規則の第1条は「フィールドの表面」で、「競技フィールドは、全体が天然、または、競技会規定で認められる場合は全体が人工の表面でなければならない」です。

そんなところから始めたら子どもはとたんにヤル気をなくしてしまいますし、それを知らなくてもサッカーは楽しめます。競技規則に書かれている順番は、その分野を理解するのに重要な順番ではないのです。

では何から教えるか？　まずは足でボールを蹴ること、手を使ってはいけないこと、相手ゴールに蹴り込んだら点が入ること、味方ゴールに蹴り込まれないようにすること……など、大事なところから教えていくでしょう。

試験勉強も同じで〝大事なところから〟手をつけるべきです。**試験に受かるための〝大事なところ〟とは、ほかでもない「試験にしょっちゅう出るところ」や「配点の高いところ」**です。

TOEICなら「頻出順英単語」、行政書士試験なら「行政法」「民法」、宅建なら「宅建業法」「民法」など。過去問にたくさんあたることで、どこが「しょっちゅう出る」のか「配点が高い」のかがわかります。

◯受かる人は
参考書は使い倒す
×落ちる人は
参考書をコロコロ替える

ゴルフでパットが決まらずスランプに陥ったとき、パターを替えると脱出できることがあります。しかし、勉強でスランプに陥ったからといってこれまで使ってきた参考書を替えるのは、

今までの努力を台無しにする、愚かな行為です。

人間の脳はイメージや位置情報での記憶に長けています。

「あ、これは参考書に書いてあったぞ……確か右上に図が載っていたっけな。そう

だ、思い出したぞ！　ということは、次に問われているこれは、その後のページに載っていたあれだ！」

という具合に、**1つのヒントをきっかけに埋もれかけていた記憶が、ズルズル引っ張り上げられる**のです。知識を頭に入れるには、いかに〝とっかかり〟を付けておくかがカギであり、参考書のデザインやレイアウトはそのための重要なヒントになります。

ある程度まで進めた参考書を途中で替えると、覚えかけた知識はリセットされて、また1からやり直しになるくらいの労力がかかります。

同じ資格をテーマにした参考書であれば、説明している知識はだいたい同じで、違うのは文章の読みやすさや言い回し程度でしょう。それゆえ「気分転換に替えてみるかな」と安易に考えるのかもしれませんが、その結果、思った以上のデメリットを受けることになるのです。

それゆえ、参考書は途中で替えたいなどという変な気を起こさないよう、最初から自分に合ったものをきちんと選んでおくことが大切です（使い始めの相当早い段階であれば「これは合わない」で替えるのも可）。

自分なりにリサーチしてみて、**周囲の合格者が全員「これはおすすめだ」と言っていたら、それで間違いありません。**資格試験では大多数が正解できない知識をあなただけが正解できるプラスより、大多数が正解できる知識をあなただけが不正解になるマイナスの方が大きいからです。

そうした情報がなければ、**書店に行って何冊かパラパラと見比べてみて、「レイアウトが好き」「文体が読みやすい」で選んでも構いません。**ぱっと見の印象は決して偶然ではなく、著者や編集者が「こうしたら読者にはわかりやすいだろう」「こんな表現をしたら理解してもらえるはずだ」と創意工夫を凝らした証なのです。

基本的にはどの参考書を選んでも、合格するのに不可欠な知識は絶対に押さえてあります。**「この参考書を使ったら合格できない」ような欠陥本は、そもそも書店に**

並んでいないはずです。自分の直感を信じて、最初に選んだ参考書を使い続けましょう。

厚すぎる参考書には注意

ただし、単語集などの暗記本を選ぶときには、気をつけて欲しいことがあります。**収録されている語彙や知識が「多すぎる」**ケースです。

暗記本を買うときはヤル気も満々でしょうし、たくさんの知識を備えたほうが合格に近づけると思うので、収録数の多いものを選びがちです。出版社の側も「○万語収録！」「全知識を網羅！」とアピールします。

けれども、それだけの語彙や知識を頭に入れなければならないのは、誰でもないあなたです。必要のない知識まで詰め込めば、そのぶんの時間と労力が無駄になります。

過去問を徹底的に分析すれば、必要な知識は絞り込めます。傾向もつかめます。とはいえ、あなたにはほかにもやることがありますし、過去問にあたっても「この知識は覚えなくていい」と捨てるのにも勇気がいるでしょう。暗記本に求めるところは、そこではないでしょうか？

出題範囲の語彙や知識を絞り込むこともせず、てんこ盛りにして売るのは著者・出版社がプロの仕事をしていないのと同じです。そして試験に出題されたら「ほら！本書掲載の知識が試験にこれだけ出題されました」と宣伝したいだけなのです（最初からたくさん載せておけばそんなの当然ですよね）。

単語集や暗記本は**収録語彙・知識が絞られているものほど、選ぶ価値がある**と思ってください。

受かる人は
ストーリーで覚える

落ちる人は
知識を丸呑みする

鉄道マニアの中に「スジ鉄」と言われる人たちがいます。
鉄道時刻表の愛好者で「ある列車が何時何分に何駅に到着するから、同駅発のどの列車に乗り換えできる」ということを、スラスラと言えるのです。彼らは列車の発着時刻を書き写して、苦労しながら覚えるわけではありません。

好きだから、自然と覚えてしまうのです。

恐らく彼らの頭の中では、ある時刻になって発車ベルが鳴り、列車が動き出すまでの光景がイメージされているのだと思います。**そうしたイメージの中では、時刻はただの数字ではありません。**ストーリーを構成する上で欠かせないディテールの1つなのです。

大河ドラマを見ると、その時代の歴史にやたら詳しくなります。

2018年には『西郷《せご》どん』が放映されていましたが、西郷が島津久光と反目するに至った経緯や、奄美大島に流刑されて愛加那と結ばれた逸話など、知らなかった人の方が多かったはずです。

しかしドラマを観た多くの人が、人物関係や周辺知識も含めてスラスラと話せるようになっています。知識を無理矢理に詰め込んだわけではなく、**映像の力を借りてストーリーとして頭に入り、理解が深まった**からでしょう。「日本史用語集」にマーカーを引いて詰め込んでも、こうはいきません。

暗記が苦痛なのは、理解が深まるより先に知識を増やそうとするからです。理解があればつるんと飲み込めることが、いちいち喉につっかえるのです。

資格試験に受かりたいなら、その資格を好きになることです。こう言ってしまえばたやすいのですが、そう都合よくいかないのはわかります。ならば、せめて「覚えにくいものだけでもストーリーで理解する」ではどうでしょう。暗記の苦痛が軽減され、試験勉強が少しはラクになるはずです。

司法試験で実践した暗記の極意

私は司法試験の勉強をしていたとき、なるべく判例を読むようにしていました。

法律の条文というのはさまざまな事例に対応できるように、装飾を削ぎ落とした非常に無機質な文体で書かれています。読み手の関心を引くようなところは一切ありません。

けれども判例は、実際にあった事象に法律がどう適用されたかという具体例ですから、ストーリーで理解することができるのです。

たとえば「刑法第36条」(正当防衛)「1、急迫不正の侵害に対して、自己又は他人の権利を防衛するため、やむを得ずにした行為は、罰しない。2、防衛の程度を超えた行為は、情状により、その刑を減軽し、又は免除することができる。」を理解するのに、「勘違い騎士道事件」の判例を読んだことがあります。条文は無機質ですが、判例にあたって一発で理解できたのを覚えています。

ちなみにこの事件は、空手三段の英国人の被告人が夜中に帰宅する途中、じゃれ合っている男女を見て「女性が乱暴されている」と勘違いし、男の顔面に回し蹴りを命中させ、殺めてしまったという事件です。

被告は女性を助けるつもりで殺意などは毛頭なく、しかし空手の有段者が回し蹴りを決めればどのような結果になるかはわかっていたはず……正当防衛は適用されるか否か、という裁判の判例です(結論を知りたい方は検索してみてください)。

法律の条文のように飲み込みにくい知識は、実際に適用された判例に触れ、ストーリーとして理解すると、すんなり頭に入ります。とはいえ、**試験に受かるに十分な知**

識をすべてこの方法で覚えようとすると、時間がいくらあっても足りません。

効率的に知識を覚えるためには、丸暗記に頼らざるを得ないのは否定できません。**どうしても理解できない部分を覚える奥の手として、こういう方法もあるのだ**と覚えておくといいでしょう。

受かる人は

分単位で覚える量を決める

落ちる人は

月単位で覚える量を決める

試験本番の日は決まっています。その日までに備えておきたい知識の量も決まっています（過去問やテキストがその目安です）。ということは、あなたは今日から試験日までの日数で、そこにある知識を頭に入れて使いこなせるまでになっていなくてはなりません。

日数が短く感じられるでしょう。知識の量が多すぎると思うでしょう。でも、

間に合わなければ、受かりません。

では、何から手をつけたらいいでしょう？

「とりあえずやる！　がむしゃらにやる！　できるところまで突っ走る！」というのは、大人のやり方ではありません。それでは3合目にも達する前に、力尽きてしまうか、最初の方がやたら濃いのに最後の方がやたらと薄い色ムラだらけのいびつな知識体系が出来上がるでしょう。

時間割ではなく、「進捗割」

まずは、冷静な**学習スケジュールの作成**からです。

試験当日までに終える過去問やテキストや暗記本を揃えてください。覚える量を絞り込めば、それだけ負担は軽減されます。分厚いテキストや暗記本だと1～2周しか回せないところ、薄いものなら4～5周は回せるかもしれません。

とくに時間が限られた中では**出題範囲を広く薄く触るより、核心に近いところを狭く濃く確実に掴むほうが、合格できる可能性は高まります。**

やるべきことの全部を残りの月数で割れば、1カ月あたりにどれだけ進めばいいかわかります。1カ月にどれだけ進めばいいかわかれば、1週間ごとのボリュームもわかります。そうして毎週日曜の夜に、その週の仕事の詰まり方なども勘案しながら、曜日ごとに何をどれだけやるか割り振っておきます。

さらに毎朝その日の予定を確認しながら、通勤途中には暗記を○個、昼休みには演習問題を○問、仕事帰りに図書館に寄って過去問を1年分やって、夕食後にはテキストを○ページと問題集を○ページ終わらせよう……というように、時間単位・分単位まで落とし込んでいきます。

時間や分で区切る目的は、**締切りを意識して「早くやらないと終わらない！」と自分自身を急かすため**です。「今日中にやればいい」だと結局はほとんどを夜にやることになりますし、「今週中にやればいい」だとほとんどを土日の勉強に回すことになります。夏休みの宿題を最後の1週間でやっつける小学生と同じです。

決めた時間内にできなければ、どこかで帳尻を合わせなくてはなりません。通勤途中で○個と決めた分を覚えきらなければ昼食を大急ぎで済ませて時間を作り、浮いた時間で挽回します。図書館の閉館時間までに過去問を解ききれなかったら、タクシーで帰宅して夕食前に解き切ります。テキストや問題集が終わらなければ、寝る時間を後ろ倒しにしてでもノルマをこなします。

ポイントは**「何時から何時まで勉強する」という〝時間割〟ではなく、「テキストを○ページやる」「知識を○個覚える」といった〝進捗割〟にする**ことです。

時間割であれば、頭に入ろうが入るまいが「勉強をした」という事実が成果になってしまいます。「昨日は疲れていてあんまり覚えられなかったけど、夜1時まで寝ないで頑張った」という自己満足で終わってしまうと、行きつく先は「頑張ったけど、ダメだった」です。

寝ないでやろうが休日を潰そうが、結果を残してなんぼです。〝進捗割〟にしておけば「できたのか／できなかったのか」しかありませんから、できなかった場合の言い訳の余地がありません。

人は眼前に迫った危機には必死になりますが、それが遠くにあると根拠もないのに「なんとかなるさ」と思ったり、見えないふりで先送りにしてしまいます。言い訳のできない状況に自分自身をとことん追い込まなければ、死にもの狂いの本気は引き出せません。

受かる人は

インプットが1、アウトプットが3

落ちる人は

インプットが3、アウトプットが1

知識を「暗記する」とはどういうことを言うのでしょう？

紙に書いたものを見ないで言えたら「覚えた」ことにはなりますが、しばらく経つと忘れています。そこで記憶をたどっていると、ふとしたきっかけで思い出せることがあります。つまり**覚えた知識は頭の中にあり、〝インプット〟はできている**わけです。

しかし、1つの知識を思い出すのに何分間もかかっていたら、試験時間はあっという間に過ぎてしまいます。試験に受かることを目的とするなら、**知識を瞬時に取り出せる〝アウトプット〟ができなければ、暗記の意味がありません。**

試験に受かる暗記とは、インプットとアウトプットがセットです。

さて、インプットとアウトプットは、それぞれに訓練が必要です。ここでのテーマはどちらに時間と労力を費やすかです。

試験ではたくさん知識があった方が有利ですから、インプットにより多くの時間と労力をかけたくなります。けれども、どれだけ頭の中に知識が詰まっていても、即座にアウトプットができなければ使いものにはなりません。

たとえば、司法試験では基本的な法律だけで7科目あり、解答方法も短答式から論述式までさまざまです。学習範囲は広大ですから、すべての論点において完璧に理解するのは、事実上不可能なのです。

その不可能に挑むべくインプットに傾斜しすぎた学習を続けていると、実際の試験で「正確に知識を表現する」「時間内に解き終わる」というあたりまえのことができなくなります。**試験に受かるために覚える知識が肝心の試験本番で使えなければ、そ**

れはゴミと同じです。

インプットはまったく何もないところに新たに書き込む作業ですから、かなりの集中力を要しますが、いったん覚えたら終わりです。

それに対してアウトプットは勉強の負荷こそ軽いものの、完成するまで何度も何度も繰り返さないといけません。いったんはできるようになったとしても、定期的なチェックやメンテナンスも欠かせません。**インプットよりもアウトプットの方が、モノになるまでにはるかに多くの時間がかかる**のです。

インプットしたものは、もれなくアウトプットまでできるようにするのが最もムダのない勉強です。そのために**最適な比率は「インプット1：アウトプット3」**だと言われています。

自分の体験と照らし合わせると「インプット1：アウトプット3」というのは、試験までの期間を通しての平均的な数値という感じがします。

たとえば、勉強を始めたばかりの頃は、理解を構築するためのコアな知識が不足していますから**「インプット1：アウトプット2」**くらいになるでしょう。

逆に試験直前にはもう新たな知識は入れず、**「インプット0：アウトプット10」**の比率でもいいでしょう。可能であれば勉強期間の3分の2まで、遅くとも1カ月前まではインプットは終えて、あとはひたすらアウトプットを磨くのが理想です。

試験とは「あなたが合格に必要な知識を備えていることを証明してみなさい」というアウトプットの力が試される場ですから、本番に近づくほどアウトプットの比率を増やしていくのは当然です。

第3章

暗記を習慣化する方法

あ
桜子先輩！
陽菜
こんなところで
何してんの？
飲みの誘い？
私まだ仕事中
なんだけど
わたしも
お仕事ですよ
こちらの会社に
書類を届けに
来ましたー
ああ
お疲れ
パラ
うわァ
何これ
マーカーだらけ
これじゃ
どこが重要か
わからない
…って
パラ
私に見せてどうする
べしっ
ノリつっこみ！

?
それ作ったのあんた?
そうですよ
そういえばあんた昔からていねいにノートとるタイプだったたっけ…
そのほうがあとで読むときわかりやすいじゃないですか
むしろ暗記が苦手な人にありがちなパターンなんだよ
やたらと参考書にマーカー引いたり
きれいなノート作りにこだわったり
そのあとで参考書が他人のだって気付いて土下座したり
自信満々にノート教授に見せたら誤字脱字修正されまくったり
それ わたし個人のエピソードじゃないですか!!
暗記関係あります!?

大事なのは書いた内容をちゃんと覚えること
私ならその分 読み返して一つでも多く単語覚えるかな
要するに時間の無駄遣いをしてるわけ
文字なんて書きなぐりで十分
読めませんけど
じ自分が読めればいいんだよ
自分が覚えていない単語だけ書き出しておけば合理的だし
持ち歩けばいつでもどこでも見返すことができるから
通勤中とかにちょうどいいよ

覚えられたらその紙は捨てちゃえばいいしね
仕事してると確保できる勉強時間なんて限られてるから
足りない分移動時間も効率よく使ってるってわけ
わたし通勤中に参考書読もうとしてみましたけど無理でした
すみませんっ
!?
降りるの忘れてたっ
あんたは集中すると周りが見えなくなるから難しいかもね
この前なんて本読みながら歩いていたら自転車と接触しそうになって…
ぶつからないよう端っこに寄ったら側溝にハマりました
それは注意力足りなすぎ

通勤中が無理だとしても普段の生活の中でちょっとした時間なんていくらでもあるじゃん
昼休憩とかお風呂のときとか
……そうですね
あんたの場合どうせまとまった時間があるときにしか勉強してないでしょ
普段の生活の中から少しでも使えそうな時間を見つけて有効活用する！
そうでもしないと勉強は進まないよ

お
ようやく来たか
なんだか今なら苦手な暗記も楽しくできそうです
先輩 ありがとうございます
キリッ
さっそくこの書類を届けに行くまでの時間も勉強してみます！
それはやめろ
失礼だから

受かる人は

暗記を習慣にしている

落ちる人は

必要に応じて取り掛かる

男性目線から見ると、毎朝出勤前に化粧をしなければならない女性は「大変だろうなぁ」と思います。ところがある日、それを女性に聞いてみると、「別に。朝は簡単にチャッチャと済ませちゃうからね」と、言うのです。その女性もおそらく中高生の頃はすっぴんで登校していたでしょうから、大学生の頃か社会人になってから「外出時には化粧をする」ようになったはずです。最初の頃は面倒くさく感じていたのに、

習慣になると、人は面倒を面倒とも思わなくなるのです。

暗記も同じです。

皆さんは今、そこそこ分厚い暗記本や用語集を前にして、「こんなに覚えなきゃならないのか……」と、少しビビっているかもしれません。そして、決意とともにゴクリと唾を飲んで「やってやる！」と覚悟を固めつつあることでしょう。

しかし、**習慣にしてしまえば決意も覚悟もいらなくなります。**とくに一度頭に入れた知識を思い出す（忘れかけた知識を引っ張り上げる）アウトプットの作業にはそれが言えます。

逆に、取り組むたびに「よーし、これから暗記チェックやるぞ！」なんて気合いを必要としていたら、しんどい日にはお休みしてしまうかもしれません。気分転換にガムを噛むくらいの気安さで、ぱっとリストを取り出せるようになったらホンモノです。

ただし、**行動が習慣になるまでは数週間はかかりますから、その間は何があっても中断してはいけません。**

「がんばり」を見える化する

また続ける動機づけも必要です。以前、普通の県立高校から東大に現役合格したH君の「勉強が継続できた秘訣」を見せてもらったことがあります。

それは通信教育の付録にあった「夏休み勉強時間記録シート」というもので、何のことはない富士山のイラストを背景にマス目が並んだだけの紙1枚。1時間勉強するごとにマス目を1つ塗りつぶすというものです。

ところがこつこつマス目を潰していくと、**がんばりが〝見える化〟**されて、

「せっかくここまできているんだから、続けよう」

「もう少しで全部のマス目が埋まるから、続けよう」

と、継続のモチベーションになるのです。そうこうしているうちに夏休みが終わる

頃には、すっかり勉強が習慣化されていたそうです。

暗記モノは「時間」を計ってやるものではありませんから、**インプットとアウトプットをセットでこなしたらカレンダーに印をつける**くらいでいいでしょう。毎日ずらっと印が並んでいるのに、何もない日があると気持ち悪くてたまらなくなります。


ところで、私は受験勉強に煮詰まってどうしても机に向かえなくなったとき、あえて勉強を封印してゲーセンに入り浸るという荒療治をしたことがあります。

本来は勉強をしなければならないことは、自分自身がいちばんよくわかっています。ライバルがこの間にも必死に勉強している光景が、脳裏に浮かびます。

あんなに「勉強がしんどい、息抜きしたい」と思っていたのに、いざ欲望のままに動いてみると「普段やっていることをやらない」ことが、心地悪くて仕方がない。そうすると、

「自分は何をやっているんだ⁉　勉強しなきゃ……勉強しよう……勉強がしたい‼」

とモチベーションが完全復活するのです。

ただし、**これは完全に勉強が習慣化したあとのテクニック**です。中途半端な段階でやってしまうと、そのまま勉強に戻れなくなる危険をはらんでいます。また、これはカンフル剤みたいなもので、**何度も使うと刺激に慣れて効き目がどんどん薄れていきます。**

使えるのは習慣化できてから試験本番までに1回か、せいぜい2回――。ここ一番というときだけ繰り出す最終手段として取っておきましょう。

受かる人は
テキストからノートに書き出す

落ちる人は
テキストにマーカーで線を引きまくる

朝や夕方の電車内で相当に使い込んだ単語集を繰りながら、必死に暗記しようとしている学生を見かけます。**見ると色とりどりの蛍光マーカーで、あちこちに線が引かれまくっています。** いかにも〝頑張ってるオーラ〟を漂わせていますが、

テキストに線を引くほど暗記できません。

理由は簡単です。マーカーで線を引くのはその部分をほかよりも目立たせて、印象に残りやすくするためでしょう。それが線だらけになってしまっては、本末転倒。線

を引くことによって、ほかの部分と同じになってしまうからです。

試験勉強にかけられる日数は限られていますから、最初は絶対に外せないコアな知識に絞って覚えなければなりません。**あれもこれも線を引いてしまうのは覚える知識を絞りきれていない証拠**でしょう。

テキストを1周やり終えて必要不可欠な知識を押さえてから、2周目以降で必要十分の知識を覚えていくのですが、テキストにはすでに1周目に必要不可欠と判断した知識に線が引かれています。線を引いたところは2周目でも目立ちますが、**すでに覚えてしまったものは、目立っている意味がありません。**

そこに新たな線を追加したところで、見た目に訴えるインパクトが低減するのは避けられないでしょう。3周目、4周目……と繰り返すほど、すでに覚えた知識ばかりが目について、新しい知識が目立つ余地はなくなっていきます。

専門用語はピンク、年月日はブルー、数字はオレンジ、人物名は黄色……などのようにキレイに塗り分ける人もいますが、本来の目的はすっかり忘れて、テキストをカラフルに彩ることが目的になっています。

受かる人は「むやみに線を引かない」

一方、**試験に受かる人は、むやみに線を引きません。**テキストには試験範囲の知識が並んではいますが、全部があなたの覚えなければならない知識ではありませんし、効率的に覚えられる順番でもありません。

そう考えると、日常的にテキストを持ち運ぶことすらも大切ではなくなります。その日に覚える知識だけを1枚の用紙に書き出して持ち運ぶ方が合理的ですし、覚えた後にはその紙は役目を終えます。くしゃくしゃっと丸めてポイでOKです。

もし、数日後に忘れてしまった知識があったら？　ご心配には及びません。今度は「ここ数日間で覚えたけれど、忘れてしまった知識」だけを集めて書き出した紙を作ればいいだけです。

書き出すときもテキストに載っている順では能がありません。**2周目以降は自分なりの「くくり直し」をして書き出し、覚えていきましょう。**

たとえば英単語なら「接頭辞」（頭にunがつくと「否定」の意味、reがつくと「繰り返し」の意味、頭にpreがつくと「～の前に」の意味を含んだ語になるなど）が同じものを集めてリストを作るなどすると、語彙数が飛躍的に伸びていきます。

どの知識をどの順番でどう覚えるかは、あなたが決めていいのです。そこはテキストに依存するところではありません。

受かる人は

書き文字の太さ大きさがバラバラ

落ちる人は

文字が揃っていてきれい

暗記すべきことは、紙やノートに〝書き出して〟持ち歩こうと言っていますが、そうするとまるで活字で組み上げたような美しい文字でリストを作ってくる人がいます。そのリストを作るのにいったいどれくらいの時間がかかったのか怖くて聞けませんし、とても「覚えたら捨てちゃいましょう」なんて言えません。

でも、私はどちらかというと、

ノートやメモの文字は、汚ければ汚いほどいい

という意見の持ち主です。文字が揃っていてキレイな暗記ノートを見せられたら「ノートを作る時間を他のことに使ったほうが有意義だよ」と正直に言ってしまいます。ごめんなさい。

でも、汚いほうがいい根拠もちゃんとあるのです。

まず、**ていねいに書くよりも書き殴った方が速い**ことが挙げられます。暗記ノートは誰に提出するわけでもありませんし、なんならチラシの裏でもいいのです。

暗記のファーストステップは、リストにある知識を何も見ないで言えるようになることです。それができたらとりあえず「覚えた」と判断するわけですから、紙やノートは手にしていたとしてもなるべく見ないようにするはずです。であるならば、ますますていねいに書く理由がありません。

もう1つの理由は、書き文字の太さや大きさがバラバラなこと自体が、知識を引っ張り上げる〝とっかかり〟になるということです。

「これは左下のほうに小さく書いてあったやつだ」

「これは真ん中にでっかく書きなぐったやつだ」

という見た目の違いが、思い出すヒントになります。

もちろん、いつまでも「あの紙に書いてないと、思い出せない」では、まったく意味がありません。しかし、**その紙を使うのはせいぜい当日限り**です。もし、その日に覚えられずに次回以降に持ち越しになる場合は、また別の紙に書きなぐるのですから、心配はいりません。

「復唱」はコスパが良い

それから、ていねい派と書きなぐり派の双方に見られるパターンですが、同じ知識を何十回も何百回も、繰り返し書く人がいます。

確かに目で追うだけより手を動かした方が、脳に多角的な刺激を与えられますから、思い出しやすくなるという理屈はわかります。ただ、全部の知識をそのやり方で覚える必要があるでしょうか？

知識を**1回書き出す間に、口では4～5回復唱できます。**声に出せば情報は耳からも入りますから視覚も聴覚も使っていますので、脳のいろんな場所を刺激しているのに違いはありません。

「そこに手も加わればもっと効果がありますよね？」

と言いたいのはわかりますが、コスパを考えましょう。繰り返し唱えるだけでも十分覚えられるのに、達成感が欲しいから「何百回も書く」のを自分に課しているのではないでしょうか。だとしたら、やはり目的を見失っています。

キレイに書いたノートや同じ知識を何百回も書き連ねた紙束は、試験の採点対象ではありません。覚えたか覚えていないか、たくさん覚えたか少ししか覚えていないか――合否を決するのはそこだけです。

受かる人は

一人ぼっちで暗記する

落ちる人は

友達と問題の出し合いをする

学生時代、定期テストの前などに友人と試験範囲の知識を覚えているか、問題の出し合いをしたことがあるでしょう？　じつはダベっている時間が長いのですが「試験勉強をしているんだ」という大義名分があり、また互いに競い合うような要素もあってなかなか盛り上がったものです。

しかし、実際のところ、合理的な勉強法ではありません。

すでに覚えている知識が出題されれば、その時間はそっくりそのままムダになります。覚えているかいないかは、一人でやればリストを一瞥《いちべつ》するだけでわかることです。覚えていない知識は改めて頭に入れますが、それは誰かと一緒にできるものではありません。

他人に問題を出してもらうのは、模試か試験本番で十分です。同じ資格試験の合格を目指す友人がいたとしても、問題の出し合いはやめておくのが無難でしょう。冒頭のマンガのように、たまに一緒に模擬試験を解くくらいなら良いですが、あくまで勉強ではなく、モチベーション維持の気分転換と捉えておきましょう。

「説明」で記憶に定着する

ただし、スムーズに頭に入らない知識を、他人を利用して覚える術ならあります。それは誰か適当な相手を見つけて、その知識を自分から説明することです。

テキストやノートを見ながらでも構いませんが、**相手にわかりやすく伝えようと頭の中で一生懸命〝揉む〟ことで、ごちゃごちゃだった知識がうまく整理されます。**自分がよくわかっていない知識をそのまま披露しても、相手はもっとわかりません。

「そこのところがわからない」

という素直な反応が、じつは自分のわからない原因だったりするのです。

最近、小中高校生向けの某学習塾が、学んだことを生徒自身の言葉で説明させるやり方を「成績アップのノウハウ」としてＣＭでアピールしていますが、あれは理屈に適ったメソッドなのです。

とはいえ、社会人であるあなたが広い試験範囲をすべてこの方法で覚えるとしたら時間がいくらあっても足りませんし、ずっと付き合って聞き手をやってくれる相手もいないでしょう。これはここ一番というときに使う「奥の手」です。

暗記に絞っていうならもっとシンプルなやり方もあります。

何度「本日のリスト」に載せても覚えきれずに終わってしまう知識があったら、同じ試験を受験する同僚や受験経験のある先輩などに、

「○○○ってどんな意味だっけ？」

「○○○の要件はかくかくしかじかでいいんですよね？」

と、質問する体で投げかけるのです。

これは相手が正しい答えをしてくれようが、はぐらかされようが構いません。なぜなら正解はテキストに載っているので、本来は聞く必要もないからです。

ではなぜ、あえて他人に聞くのか？　それは**その知識が「あの日あそこで誰それに聞いた」という〝経験〟として記憶（専門用語で「エピソード記憶」と言います）され、思い出すための〝とっかかり〟をたくさん付けることができるから**です。

あなたの暗記を助けるために付き合わされる相手には気の毒ですが、これも試験に受かるため。恩返しは合格した後にするとして、誰でも利用させてもらいましょう。

○受かる人は
講義には出ず1・5倍速で聴く
×落ちる人は
講義を聴きながら必死に覚える

資格取得のためにスクールに通っている人もいるでしょう。

「仕事が忙しくなかなか勉強時間が確保できないが、スクールだけは休まない」

「自宅で勉強ができないので、せめて講義は集中して覚えるようにしている」

という声をよく聞きます。

独習をいつやるかはどこまでも自分の裁量なので、仕事が忙しいとどうしても後回しになりがちです。それに対してスクールは授業時間が決まっているので、勉強のペースメーカーになるというのです。ですが、

講義の時間を、勉強時間に含めてはいけません。

講義に出席している間は、ただ「話を聞いているだけの時間」です。

解法のノウハウが語られることがあっても、それを使いこなすには自分で練習をすることが必要です。

また、覚えておくべき知識（これもテキストや用語集に載っています）が挙げられても、暗記するのは講義中ではありません。

つまり、**講義の後の独習がなければほとんど意味なし、聴くだけで勉強した気になってはいけない**のです。

じつは資格のスクールというのは、途中でやめてしまう人がとても多いのです。

たとえば人気の司法試験のコースは**およそ1カ月で半分の人がいなくなり、最後まで出続ける人は約2割**だそうです（その2割の人が受かるわけではありません）。

どうして行かなくなったのか聞いてみると、大半が「内容がわからなくなって面倒になったから」と言います。仕事の都合で欠席すると付いていけなくなったり、事前にテキストを読むなど予習をしておかないと理解できない内容だからです。

スクールは、講義に来ない人を気にかけたりはしません。授業料は前払いなので、そこまでフォローする理由がないからです。では「おかげで合格できました！」「受講者合格率○％」の体験談は何なのか？　あれは最初から合格できそうな人に無料もしくは大幅値引きで登録してもらい、つくり出している数字です。

講義形式のメリットとデメリット

予習をして講義に出ても、ムダが多いこともあります。

話し言葉というのは「あー」とか「えー」とかの間投詞が多いうえ、理解させるために間を取ったりもして、同じセリフを黙読するのに比べて数倍の時間がかかります（脱線の多い「楽しい講義」なら、さらに時間がかかるでしょう）。

であるならば、講義には出ずに録音データを手に入れるなどして、後で１・５倍速で聴いたほうがよほど効率的です。

そもそも、**毎回きっちり予習ができる人は、講義に出る必要はない**のです。わからないところがあったら参考書で調べ、解き方を覚えて過去問にあたればいいからです。

「じゃあスクールに入る必要はないじゃないか？」

となりますが、公認会計士や税理士の参考書は市販されているものが少なく、大手スクールが作ったテキストが頼りです。誰でも買える参考書を出版すると皆が自習して商売にならなくなってしまうのがわかっているのでしょう。

しかし、それもテキストをどう使うかであって講義を聴くことやスクールに通うこと自体に価値があるわけではありません。

「スクールに行くと独習では得られない特別なノウハウが得られる、合格できる」というのは、受け身の勉強スタイルに慣れきった人の思考です。

受かる人は

寝しなに暗記リストを見る

落ちる人は

スマホを見ながら寝落ちする

昭和40～50年代に「睡眠学習機」なるものが大流行したことがあるそうです。枕にスピーカーが仕込まれていて、「ラジカセ」に接続して使います。**音声を流しながら眠り、翌朝起きるとその内容がすっかり頭に入っている**というフレコミです。

それ以前は「三当四落」（毎晩3時間しか寝ないで勉強した者は合格するが、4時間寝た者は落ちる）という根性学習の時代で、寝れば寝るほど知識が増えるというこの枕が大流行したのはその反動も大きかったようです。

雑誌の通信販売では伝説のベストセラーになりましたが、やがて姿を消しました。理由は言うまでもありません。しかし、

睡眠と記憶の関係に着目した、コンセプトは悪くありませんでした。

人間の記憶は、おおよそ次のようなしくみになっています。

覚えたての知識は、まず脳の表層にのっかります。日中は次から次へと新しい情報が入ってくるので、どこかで整理する時間を設けないと収集がつかなくなってしまいます。

睡眠は、そのための時間です。ここで、寝しなに覚えた記憶は（その後何もやっていないので）まだ他の情報と混ざり合っておらず、比較的スムーズに整理されます。

さらに翌朝、起きぬけにまず前夜の記憶を〝引っ張り上げる〟（＝思い出す）と、それはきれいに整備された脳の表層に、あらためて置き直されます。きちんと整理された記憶は雑多な情報に埋もれにくくなり、定着しやすくなるというわけです。

完全に寝ている間は、脳が記憶の整理に忙しいので新しい知識を入れるのは無理ですが（だから睡眠学習は機能しなかった）、**寝る直前や起きた直後には極めて効果的**

な暗記ができるのです。この時間帯を、脳科学では「記憶のゴールデンタイム」と言うそうです。

寝しなと寝起きに見られるよう暗記リストの紙やノートを枕元に置いてみることをおすすめします。

眠いときは無理せず「寝る」

ただし、**仕事と勉強でヘトヘトになってすぐにでもベッドに倒れ込みたいような時には、そのまま寝てしまいましょう。**そんな時、あなたの脳は「今日はもうダメ。このまま休ませてくれ！」と爆睡モードに突入する気まんまんです。

それを「ゴールデンタイムだから……」と無理矢理に眠気を払って暗記に取り組んでも、**能率が上がらないばかりか脳を変に興奮させて、その後の睡眠の質を下げてしまいます。**

私は就寝前の入浴タイムが集中できたので、湯船の中でその日の暗記モノの仕上げをするのが習慣でした。お風呂から上がると内部体温が急速に下がり始めて眠くなるので、暗記メモはベッドに持っていくものの、そのまま寝てしまうことがほとんどでした（ただし、寝起き直後の確認作業はやっていました）。

眠気に抗ってできる勉強はありません。

一方、試験に落ちる人は、スマホを見ながら寝落ちします。

試験勉強に打ち込んでいる間は、とにかく暇がありません。3分あれば暗記モノができますから、これまで「暇つぶし」にやっていたスマホいじりができなくなります。

スマホのゲームはそもそも中毒的にイジリたくなるように作られていますし、SNSは相手（仲間）がいるだけに、ついつい覗きたくなります。覗いたら覗いたで「いいね！」をするでしょうし、コメントの1つも残しておこうかとなります。それやこれやをしているうちに、気がついたら眠りに落ちていた……ありがちなパターンです。

最近の研究では、スマホから発せられるブルーライトは視神経を刺激して、サーカディアンリズム（体内時計）を狂わし、睡眠の質を下げることが明らかになっています。

ＳＮＳは合格するまで、おあずけにするしかないでしょう。

○受かる人は
早朝にインプットする
×落ちる人は
深夜にインプットする

暗記は新たな知識を頭に入れる「インプット」と、頭に入っている知識を取り出す「アウトプット」のセットです。

アウトプットは強度の低い作業で、いつでもどこでもできますし、街中の雑踏や通勤電車の中など、ほかの勉強なら気が散ってできないようなシチュエーションでも取り掛かれます。エンジンがかかるまでのウォーミングアップや、スキマ時間の活用や、勉強の合間の気分転換にぴったりです。一方で、

インプットは強度の高い作業で、かなりの集中力を必要とします。

いつでもどこでも、というわけにはいきません。

私の場合、**新たな知識を頭に入れる作業には早朝の静かな時間**を充てていました。早朝といっても起き抜けだと、まだ頭がクリアでないのでできません。ウォーミングアップがわりに前日のアウトプット（寝しなに確認したものです）を一通りやって、ビスケットとコーヒーで軽くお腹を満たしつつ、いちばん頭がシャッキリした状態で取り掛かります。

人によって、ジョギングでひと汗かかないとスイッチが入らないとか、熱いシャワーを浴びるといい状態になるなどもあるでしょう。プロテインを飲んだら暗記モードに入るとか、朝食をがっつり食べたらまったりしすぎてダメだとか、**試行錯誤してどういう手順を踏めば最短時間でフル回転に持っていけるかを知っておきましょう。**

気のせいでも構いません。いちばんいいと感じられる行動パターンがわかったら、それを**ルーティンにして毎朝必ず実行します**（それでうまく行っている間は、ほかの方法は試しません）。

そうすると、試験当日の朝にもいつも通りを実行するだけで、過度に緊張したり余計なことを気にせずにすんなり集中モードに入れます。

自分なりの「集中モード」を見つける

私は朝型なので「早朝」のインプットを前提に話を進めましたが、社会人になるとマニュアル設定で昼型や夜型になっている人もいるでしょう。**集中できる時間帯や環境は人それぞれ**です。

朝はかなり時間が経たないと頭が回らないとか、静かすぎると静寂が気になって逆に集中できないという人もいます。**出社前にカフェで勉強するのがいちばん成果が出るだとか、「蛍の光」が流れる閉館間際の図書館が没頭できるというのであれば、もちろんそれでも構いません。**

以前、東大合格者をたくさん取材した時には「家のリビングがいちばん集中できた」という人もいました。それも夕食前のいちばんガヤガヤした時間が、よかったそうです。

これは、かなりのレア・ケースだと思いますが、誰かに見られているのを意識することで集中力が高まるというのは、ない話ではありません（モチベーションを高める4要素の1つ「監視」の作用です）。

大切なのは新しい知識がすんなり頭に入るかどうか――その一点です。

ただし、「深夜に皆が寝静まってからがいちばん落ち着ける」という人は、本当にその時間をインプットに充てるべきかどうか考えたほうがいいでしょう。

深夜に勉強がはかどるという人は多いのですが、一日活動した後の脳は自覚症状がなくても最も疲れた状態にあります。強度の低いアウトプットや何度かやった過去問（これも覚えた知識を問題に応じてアウトプットする作業です）ならこなせますが、まったく新しい知識をインプットするのに適した状態とは言えません。

仕事や生活のパターンで深夜に集中のピークがくる人も、**本番1カ月前からは徐々**

に朝型に慣れ、当日は試験開始時刻（ほとんどの資格試験が朝9～10時の開始であるはずです）にいちばんいい状態をもってくる調整が必要です。

◯ 受かる人は

1日20分×3回で覚える

✕ 落ちる人は

1日1時間×1回で覚える

人間の集中力には限界があります。集中がどれくらい持続するかは人によるところが大きく、年齢によっても違ってきます。

あくまで経験則ですが、

「知識を入れる」ということで言えば、20分が限界だと思います。

小学校の授業時間は45分で1単位ですが、中学や高校になると50分になり、大学では90分まで延びます。「それがその年代の平均的な集中力の持続時間なのだ」と聞いたことがありますが、いつ誰がどんなデータに基づいて算出したのかはわかりません。小学校から大学までの授業風景を思い出してみるに、コソコソ話をしたり大あくびをしている生徒が大勢いましたから、根拠は薄いのではないでしょうか。

国際会議など同時通訳の業界では、通訳者が一人で連続して作業できる時間は「15分程度」とされています。したがってほとんどの場合、2名1組で交代しながら仕事をするのだそうです。

絶対に間違えられないというプレッシャーの中、相手の話す内容を一瞬も聞き逃すまいとインプットし、ほとんど同時にアウトプットするプロの持続時間が15分です。

暗記の作業に要する集中力は、これに近いのではないでしょうか。だいたい20〜50個の知識をとりあえず頭に入れて、そらで言えるようになるまでがタスクです。同時通訳のように「絶対に間違えられない」という重圧こそないものの、「時間内に覚える／時間がきたら打ち切る」という自分で立てた誓いを緊張感にして、覚える——いいとこ20分くらいが、限界ではないでしょうか？

一度にインプットできる量には限界がある？

20分でギリギリ30個の知識を覚えられる人が、3倍の1時間かけたら90個の知識を覚えられるかというと、そんなことはありません。

植木に水を一度にたくさん注いでも、一定以上は溢れ出てしまうだけです。けれども植木が水を吸うのを待ってから何回かに分けて注いでやると、同じ分量でもこぼれずに注ぐことができます。

知識もこれに似ています。私の経験則では、一度に吸収できる量はある程度決まっていると考えています。それは訓練次第で増やすことができますが、今の適量がどれくらいであるかは本人にしかわかりません。その日の体調やモチベーションにもよりますし、厳密なところは本人にもわからないはずです。

せっかく覚えられるのに自分で勝手に限界を設けてはもったいないですし、かといって詰め込みすぎても意味がありません。**「毎回1～2個どうしても覚えられないも**

のが残る」くらいがちょうどいいボリュームです。

日々、自分のギリギリのラインを攻めていきましょう。

1日1時間を暗記に充てるなら、朝・昼・夜に20分ずつ計3回に分けましょう（ただし、スキマ時間に暗記リストを取り出して、ちゃんと覚えているかどうかを確認する作業はカウントしません）。

もし、まとまった勉強時間が確保できるなら、過去問を解くなど別の勉強に充てるほうがはるかに有効です。暗記のインプットで1時間は持て余しますが、過去問ならば集中している間にあっという間に時が過ぎてしまいます。

勉強時間を適切にマネジメントできるかどうかは、試験の合否を左右するかなり重要なポイントになります。

受かる人は

歩きながら覚える

落ちる人は

必ず机の前で勉強する

「ここに行けば必ず○○モードのスイッチが入る」という場所があると重宝します。

私の場合は出勤前に、近所のカフェに立ち寄ります。コーヒーを飲みながら1日の予定を確認し、どのようにこなすか考えているうちに「仕事モード」に入ります。

そのカフェでは、打ち合わせや息抜きは一切しません。そこは**「○○モードに切り替わる場所である」と体に覚え込ませることで、条件反射が起きるようにしてある**のです。

モードを引きずっているときや、いまいち気分の乗らないときでも、

そこに行けば必ず集中して勉強できる、という場所を持っている受験生は強いです。

しかし、それが行き過ぎて**「そこでないと勉強できない」になってしまうと問題あり**です。数日出張で本拠に戻らないくらいのことは、仕事をしていれば普通にあるでしょう。その間、勉強が進まないのだとしたら、大きすぎる痛手です。

この場所でなら必ず勉強できるという「空間のルーティン」を持つ一方で、その気になればどこでも勉強できる柔軟さも身につけましょう。本番の試験が実施される会場は、あなたが慣れ親しんだ場所ではないのですから。

その意味では強度が低い「暗記モノのアウトプット」は、いつでもどこでもできるようにしておくべきです。**受かる人は、歩きながらでも覚えます。**

そもそも、暗記は歩きながらのほうが能率が上がるのです。

空間を移動している最中には脳の「海馬」という部分が活性化されて、「シータ波」という脳波を発しています。これが脳内に張り巡らされた神経細胞を刺激すると、新たな神経細胞のネットワークが広がります。このときに新しい知識を入れる、あるいは埋もれかけた知識を引っ張り上げると、できたばかりの新しい神経細胞がくっついて、記憶が定着するのだそうです。

もちろん、私自身は脳科学者ではなく、それをこの目で確認したわけでもありませんが、アイデアに煮詰まったときなど意識せずとも気がついたら席を立って、部屋の中をウロウロと歩き回っていることがあります。どうすれば脳が活性化するのか、誰よりも身体が答えを知っている証拠かもしれません。

歩きながらやるのは「暗記モノのアウトプット」です。

すでにインプットでいったんは頭に入っている知識ですから、あとはいかにそれを引っ張り出すか。リストに書かれた文字をずっと凝視するわけではありません（だから「歩きスマホ」のように危険ではありません）。

書かれたものにチラッと目を落とし、覚えているかどうか確認する。思い出せれば問題なし。思い出せなければ、どこかに記憶の〝とっかかり〟がないかをブツブツつぶやきながら探ってみる。しばらく考えて、考えて……どうしても記憶が出てこなければリストの裏側に書いてある答えをみる。

「あー、そうだった！　これだこれだ！」

とわかったら、リストと答えを10回くらい唱えて、次に進む。だいたいこんな感じです。ブツブツ言いながら歩いているとちょっとアブない人に見えるかもしれませんが、気にすることはありません。

アブない人になりきって、合格してやりましょう！

受かる人は 覚えてからトイレに行く

落ちる人は トイレを済ましてから覚える

試験に受かる人は、覚えるためなら何だって利用します。

たとえば、ランチ。**あなたはお弁当を買ってきて、席についたら食べますか？**　お腹もグゥグゥ鳴っています。これを食べ終わったら演習問題を1問、解くつもりでいます。早く食べちゃいたいでしょう。

でも、私なら食べません。

犬をしつけるときは「おあずけ」を使うと効果的です。小さなエサを目の前に差し出しながら「待て！　おすわり！　伏せ！」とやると、エサをもらいたくてしょうがない犬はその指示に従います。このとき**犬は「なにをやったらエサにありつけるだろう」と思考力や集中力がマックスに高まっている**のです。

それと同じで、ランチを買ってきたあなたは自分自身に「このお弁当が食べたいなら、暗記リストの1列をアウトプット！　覚えてない知識があったら、そらで言えるまでおあずけ！」とやるわけです。

犬と同じやり方で自分を調教するのは抵抗があるかもしれませんが、「早く食べたい」は生き物としての本能が、ダイレクトに訴える欲求です。集中力が高まって、知識の10や20は難なく覚えられるでしょう。

そう考えると、ランチを買ってきてあっさり食べてしまうのは、じつにもったいないことです。

私は学生時代、お風呂で勉強することを常としていました。

湯船に浸かって首から下をリラックスした状態で参考書を読むと、頭がいい感じに回ります。しかし、41～42℃のそこそこ熱いお湯に浸かっていましたから、だんだんと汗をかいてきます。

軽くのぼせ気味になるからかお風呂から出ると急激に眠くなり、ベッドに入るとあっという間に寝れました（なので、寝しなの暗記モノはあまりできませんでした）。

トイレを利用した勉強術

閉館間際の図書館に駆け込んで暗記モノをするのも日課でした。

閉館10分前になると、館内に「蛍の光」が流れ始めます。周囲の受験生がそそくさと席を立ち、職員の皆さんも片付けを始めます。「やべぇ、早く覚えなきゃ！」と、集中力に火がつきます。

ここ数年来のマイブームは**「○○するまでトイレに行かない」です。**

これは東洋経済オンラインの連載で披露したときにも、大反響がありました。説明

するまでもありませんが、尿意をもよおしたらすかさず、

「メールの返信を1本やるまでトイレに行かない」

「書類のチェックを済ませるまでは、出さない！」

と目標を決めて、取り掛かります。モチベーションを高める4要素は「監視・競争・危機感・承認」でしたが、これは「危機感」を利用したメソッドです。


1日はどう頑張っても24時間しかありません。そして、24時間の全部を勉強に充てることはできません。少しでも勉強時間を確保するなら、まず「しなくてもいいこと」を我慢します。それでも「どうしてもしなければならないこと」「我慢できないこと」は残ります。人はランチを食べますし、お風呂にはどうしても入りたいですし、トイレには行かざるを得ないのです。だったらせめて、**それを「ささやかなご褒美」にして〝やりきるパワー〟に活かしましょう。**

受かる人は

毎週、進捗を確認する

落ちる人は

四半期ごとに進捗を確認する

確実に目標を達成するには、現実的なアプローチが必要です。といっても、ことさらに難しいことはありません。

①期限設定→②計画作成→③実行→④進捗確認

基本的には、これだけです。

目標を「資格試験合格」に定めたなら、期限は「試験当日」です。計画作成は過去問の分析から始めます。合格レベルに到達するのに今の自分に足りていないものは何か？　それを期限までに獲得する手段を考えます。計画ができたらそれに沿って実行し、進捗状況を定期的に確認します。

どんな計画も、当初の想定通りにはいかないものです。

多くの読者が仕事と勉強の〝二刀流〟だと思いますが、社会人なら仕事を優先しなければならないのは当然で、そのしわよせは勉強計画の遅れとなって表れます。**そのまま放置していると、遅延はどんどん大きくなって最終的には目標の修正（今年の合格は諦め来年頑張る）を迫られます。**

それを防ぐには計画の遅れはできるけ早く察知すること、そしてなるべく早くリカバーすることです。遅れが小さいうちなら、挽回するのも難しくはありません。

企業の経営も基本的には同じようになされています。

上場企業であれは基本的に前年度の決算発表の場で、今期の売上や利益の予想（目標）数値を発表します。つまり「来年度末までにこれだけの売上・利益を確保します」と宣言するわけです。

新年度が始まったら、3カ月に一度「四半期決算」として進捗状況を報告します。諸々の要因で計画を上回ることも下回ることもありますが、その都度どうするか対応を考えます。

とくに第3四半期（4分の3）での遅れは、もう後がありませんから「決算セール」などで必死に帳尻を合わせようとします。

さらに「月次報告」で毎月の実績を公開しているところもありますし、小売や飲食の業界では非公表ながら週ごとの売上も集計・管理しています。このようにして、企業は進捗状況に神経を使い、「未達」（最終的に目標値に届かないこと）にならないように細心の注意を払っているのです。

「バッファ」を活用する

さて、皆さんも周囲に「次回の試験で受かります」と宣言しているはずですから、未達や下方修正は絶対に避けなければなりません。

とくに**暗記モノは1日に記憶できる知識の量に限界がありますから、直前になって「まだ全然覚えられてない！」となったらもう挽回は不可能。**知識の足りないまま、本番に臨むことになります。

どうしたら計画通りに進捗できるのか？

日々暗記に取り組んでいるのは自分なのですから、遅れの発生は自分でわかるはずです。問題はそれを取り戻さないまま日数が経過してしまうこと。**解決策の1つは「バッファの活用」です。**

たとえば、週1回は「ご褒美タイム」を用意しておきます。日曜日の午前中はマイカーを洗車するとか、部屋の掃除をするだとか、ジムのプールで泳ぐとか、**仕事でも勉強でもないプライベートな時間を確保しておきます。**

あなたのノルマは「毎日新しい単語を30個覚える」だとしましょう。

ノルマは現在の能力より高めに設定しますから、毎日2割（6個）は覚えきれずに終わります。

月・火・水・木・金曜までいくと、覚えられない単語が30個たまっています。これは想定内の遅れで、土曜日にまとめて覚えてその週のノルマは達成です。

ところが、不測の事態が発生して1日に1つも覚えられない日があったとします。土曜日時点で60個分の遅れが溜まってしまいました。そこで「バッファの活用」です。**その週は「ご褒美タイム」をなしにして、遅れの挽回に充てるのです。**

このように1週間以内に手を打てば、進捗状況は元のペースに戻ります。**週の遅れはその週のうちに**取り戻しましょう。

第4章

てっとり早く記憶する「最強の暗記テクニック」

先輩お待たせしましたー
ってあれ？
電話中？
何してるのかな？
ブッ
ブッブッ
ススス
センパイ
うわあっ

何してるんですか？
びっくりしたー
それはこっちのセリフだ
変な登場するな
来たってことをアピールしようと思いまして
お邪魔でしたか？
うん
今メモした内容を声に出して復習してたんだ
聞くだけじゃなく声に出すほうが覚えやすいだろう？
覚えたい単語にリズムつけてみたり曲に乗せてみるのもありだよ
耳に残るからね
スマホはただのフリ
たしかに語呂合わせとか一度覚えたら忘れにくいですね
そうそうそんな感じ

普通に声に出したらダメなんですか？
ダメってわけじゃないけど一人ブツブツ言ってるのって変な人って思われそうじゃん？
先輩は変なところを気にしますねー
普通の感覚だと思うけど
あー
でも歌うとなると家でやるのは難しいかも
住んでる部屋の壁が薄いのでけっこう響くらしいんですよね
あんた独り言もうるさいもんね
え嘘っ
は!?
自覚なかったのか
気になるなら代わりにこういうのはどう？
なんですかこれ

暗記メモの延長みたいなもんかな
覚えたい単語を家の中で目に付きそうな場所に貼ってるんだ
普段の生活の中で目に入ってくる情報って覚えようと思わなくても
なんとなく覚えたりするじゃん
英単語や構文なんかを日常生活の中に混ぜて自然と脳に刷り込みしてるってわけ
これなら近所迷惑を気にする心配もないですね
家に帰ったらさっそくやってみます！

もうあと一週間なんだから最善を尽くそう
はい
コト
最近はまとめて詰め込んでいたときよりも手ごたえを感じるので覚えるのが楽しくなってきたんですよ
そうなんだ
だったら今回の試験でいい点数とってみな
焼肉でも寿司でもおごってやるよ
やる気出ました満点とってきます

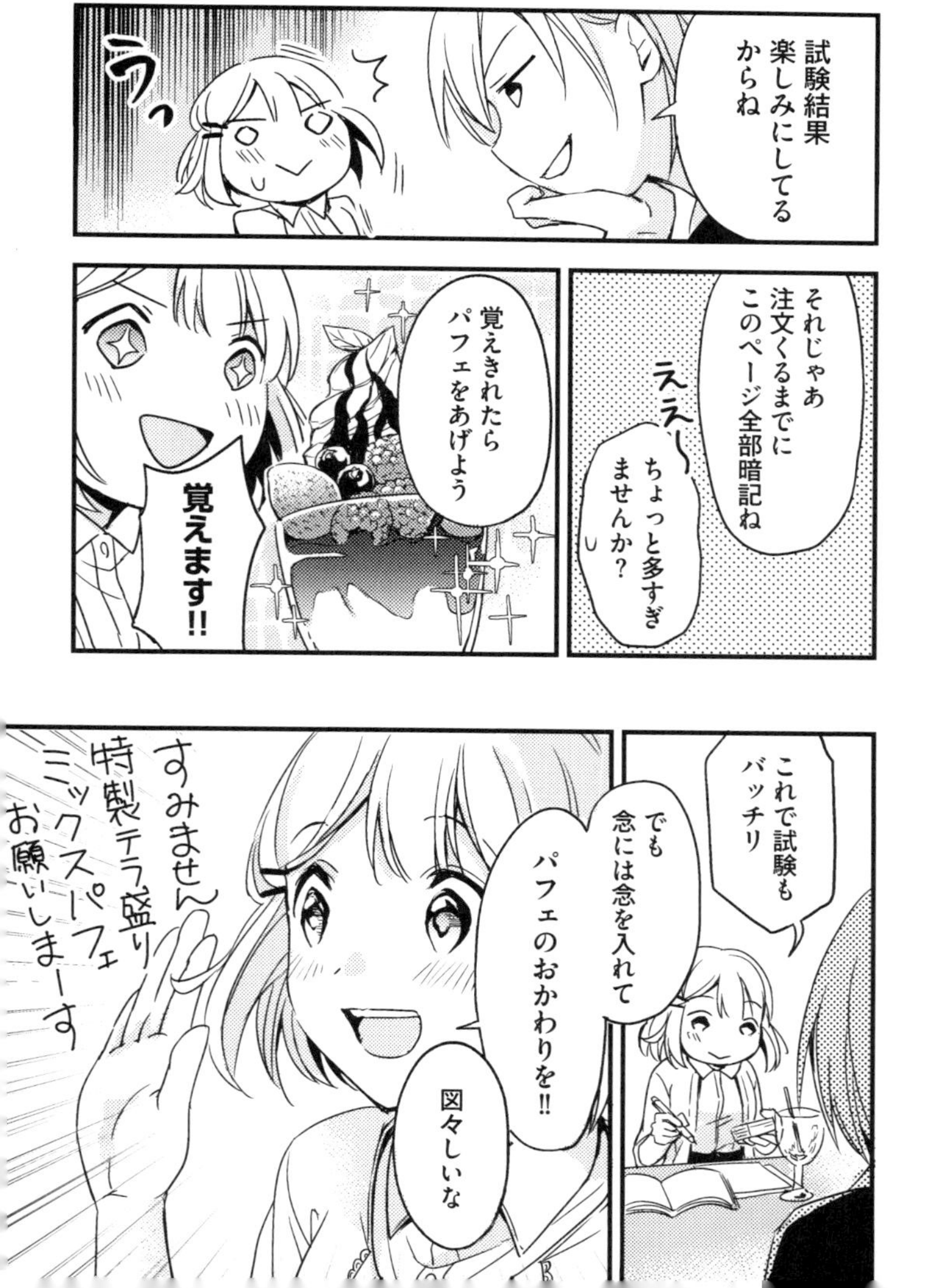
試験結果
楽しみにしてる
からね
うっ
それじゃあ
注文くるまでに
このページ全部暗記ね
ええ〜
ちょっと多すぎ
ませんか?
覚えきれたら
パフェをあげよう
覚えます!!
これで試験も
バッチリ
でも
念には念を入れて
パフェのおかわりを!!
図々しいな
すみません
特製テラ盛り
ミックスパフェ
お願いしまーす

受かる人は

ナガレとカタマリで覚える

落ちる人は

頭からまるっと覚える

政治家のスピーチを見ていると、30～40分もかけて話しているのにほとんど原稿に目を落とさずに朗々と喋り続けられる人がいます。

演説の巧さに定評があった米国のオバマ元大統領などはそのくちです。忙しい大統領が、あれだけのスピーチをどうやって覚えているのか不思議に思ったことはありませんか？　じつは、

原稿を記憶するのにはコツがあります。

高校生の頃、英語の授業でリンカーン大統領の「ゲティスバーグ演説」をまるまる覚えさせられたことがあります。

有名な「人民の、人民による、人民のための……」が出てくるアレです。読み上げてしまえばわずか3分ほどの演説ですが、英語が苦手なうえにコツがわからないと、まる1日費やすくらいの大仕事になるでしょう。

ゲティスバーグの演説は「Four score and seven years ago」（87年前）から始まり「and that government of the people, by the people, for the people, shall not perish from the earth.」（そして人民の、人民による、人民のための政治を、この地上からなくさないために）で終わります。

これを**最初から最後まで丸暗記していくと、つっかえるたびに最初からやり直すので、後半にいくほど記憶が薄くなっていきます**（最後のあまりにも有名な締めは別として）。また、記憶が珠玉つなぎになっているので、言葉に詰まるとそれ以降が続きません。

よく結婚式のスピーチで途中まで原稿を見ないで喋れていたのに、あるところで記憶が全部飛んでしまって、慌てて原稿を見るけれどどこまで読んだか見つけられず、アワアワしてしまうのもこのパターンです。

文章をラクして覚えるとっておきのコツ

原稿を暗記するには「ナガレ」と「カタマリ」で覚えます。

ナガレとはスピーチ全体のざっくりとした〝流れ〟で「起承転結」や「序論・本論・結論」です。ゲティスバーグに戻りますとこの演説は、

①87年前にこの国ができた
②今は内戦で危機的な状況だ
③我々は内戦を終わらせないといけない
④困難は多いが死んだ人たちのためにも決断しよう

⑤人民の人民による人民のための政治をなくさないために

という5つのカタマリに分けることができます。原文は3つの段落から成っているのですが、3段落目が1・2段落目に比べてやや長いので3つに分け、全部で5つの「カタマリ」としています（もっと長い原稿なら逆に段落をまとめるなどしていくつかの大きなカタマリを作り、その中に小さなカタマリを作っていく重箱構造にします）。

次に、**それぞれの段落の出だしの言葉を覚えます。**

① **Four** score and seven years ago……
② **Now** we are engaged……
③ **But,** in a larger sense,……
④ **The world** will little note……
⑤ **It is rather** for us……

原文のコピーを用意して、**蛍光ペンなどでカタマリごとにくくり、出だしの言葉を鉛筆で乱暴にぐるぐる囲ったりして強調すると、原稿が〝図〟としても認識されます。**脳内の言語を認識する場所（左脳）と図版を認識する場所（右脳）は別なので、こうして覚えると両方にまたがって格納され、覚えやすくなるのです。

会場を広く見渡し一人一人と目を合わせながら語るスピーチは、聞く人の心をつかんで言いたいことが伝わります。資格試験の勉強だけでなく、プレゼンやカンファレンスの機会にも、ぜひ試してみてください。

■長文は「ナガレ」と「カタマリ」で覚える！（ゲティスバーグ演説を例に）

いくつかのカタマリに分け、出だしから覚えていく

Four score and seven years ago our fathers brought forth on this continent, a new nation, conceived in Liberty, and dedicated to the proposition that all men are created equal.

Now we are engaged in a great civil war, testing whether that nation, or any nation so conceived and so dedicated, can long endure. We are met on a great battle-field of that war. We have come to dedicate a portion of that field, as a final resting place for those who here gave their lives that the nation might live. It is altogether fitting and proper that we should do this.

But,in a larger sense, we can not dedicate - we can not consecrate - we can not hallow - this ground. The brave men, living and dead, who struggled here, have consecrated it, far above our poor power to add or detract.

The world will little note, nor long remember what we say here, but it can never forget what they did here. It is for us the living, rather, to be dedicated here to the unfinished work which they who fought here have thus far so nobly advanced.

It is rather for us to be here dedicated to the great task remaining before us - that from these honored dead we take increased devotion to that cause for which they gave the last full measure of devotion - that we here highly resolve that these dead shall not have died in vain - that this nation, under God, shall have a new birth of freedom - and that government of the people, by the people, for the people, shall not perish from the earth.

受かる人は
声に出して読み上げる

落ちる人は
目ヂカラで記憶に刻む

超真剣な眼差しで、**テキストを凝視している人**がいます。まるで、そこに書かれている文字や数字を、目ヂカラで吸い取ろうとしているかのようです。メラメラと気迫を感じさせますが、

どんなに眼力を込めても記憶に深く刻まれるわけではありません。

得られるものは、眼精疲労くらいのものです。

先ほど〝脳内の言語を認識する場所と図を認識する場所は違う。2つの領域にまた

がって格納されると覚えやすくなる（思い出しやすくなる）〟というお話をしましたが、じつは同じ言語を司る脳の部位でも**「文字を認識する部位」「聞こえた言語を認識する部位」「言語を発する部位」は、それぞれに違っている**そうです。

そのため、**声に出して読み上げると、「言語を発する部位」が働きますし、自分の声が耳から入って「聞こえた言語を認識する部位」なども動きます。**

もしも、これに心を揺るがすような出来事（景色の素晴らしい場所で、美男もしくは美女が隣に座って暗記本の覚える部分を指差しながら、一緒に読み上げてくれるとか）が加わると感情を司る右脳も活発に動いてエピソード記憶に刻まれるところですが、暗記本のリストにある全部に感動ストーリーを付けるわけにはいきません。

暗記は、脳を総動員して覚える

要するに、**なるべくたくさんの部位を総動員して頭に入れるほうがよく覚えるる**ということです。少なくとも暗記本を睨むだけより声に出して読む方が、よく覚えるのは確かです。

通勤中の駅や電車内で声を出すのが気が引ける人は、息で読み上げる「無声音」でも構いません。耳栓やヘッドホンを使えば無声音でも頭蓋内に響いてよく聞こえますし、マスクをすればブツブツと口を動かしているのも隠せます。

ただし、リストにあるすべての知識を毎回毎回、声に出して読み上げなければならないわけではありません。最初に知識を頭に入れる「インプット」のときには必ず音読するにしても、思い出せるかどうかを確認する**「アウトプット」のときはパッと出てこない知識だけを音読すれば十分**です。

なぜかというと、目で追うだけと声に出すのでは、かかるスピードが違うからです。たとえば、英単語1つと意味を黙読するのは3秒もあれば十分ですが、音読するとなると5秒程度はかかります。たかだか2秒ですがリストに100語あれば、3分以上の差になってきます。

「音読しなければ絶対に覚えられない」わけではありません。スキマ時間にパパッとできるのが暗記モノの良さでもありますから、「ねばならない」はなるべく少ないほうがいいでしょう。

受かる人は
数字で語呂合わせを作る

落ちる人は
数字のまんま覚える

たとえば皆さんが「忘れない数字4桁を自由に設定してください」と言われたら、生年月日や電話番号の下4桁や、好きなスポーツ選手2人の背番号などを選ぶのではないでしょうか？　あなたにとってその4桁には意味があるからです。

ところが、ランダムな数字をいくつか提示されて「これを覚えてください」と言われたら大変でしょう。

数字が覚えにくいのは、それ自体に意味がないからです。

そこで、数字に強引に意味をあてはめて覚えていくのが〝語呂合わせ〟です。

小学生のとき、鎌倉幕府の成立を「いい国（1192）作ろう鎌倉幕府」とおぼえた人は多いでしょう。

じつはその後の歴史研究で鎌倉幕府の成立時期がもっと早かったことがわかって今の教科書には「1185年」と書かれているそうですが、それはさておき今もある一定以上の世代の人たちは「鎌倉幕府」と聞けば反射的に「いい国作ろう」のフレーズが飛び出るくらいですから、**語呂合わせは強力な暗記法である**ことに間違いはありません。

オリジナルの語呂合わせは、最強の武器になる

書店に行けば年代暗記など「語呂合わせ暗記本」が売られています。

それらの本を立ち読みしてもらえればわかりますが「これはいくら語呂合わせでも、無理矢理すぎるだろう」というのが、たくさん交じっているものです。

そもそも語呂合わせ自体「意味のない数字に強引に意味をひっつける」行為なので、無理矢理すぎると文句をつけるほうが無理矢理です。問題は、それがあなたの琴線にまったく響かないことです。

少々、大仰な言い方になりますが〝**語呂合わせは感性で作るもの**〟です。著者の感性とあなたの感性とが完全に響き合うなんてことはありません。あなたの背中のかゆいところはあなたにしかわからないように、**あなたがピンとくる語呂合わせはあなたにしか作れない**のです。

コツとしては、考えた語呂合わせを**映像にすること**です。鎌倉幕府の1192年が覚えやすかったのは（くどいようですが、現在は1185年に修正されています）、源頼朝が家臣たちを前に「良い国を作ろうぞ！」「オー！」みたいに盛り上がっている光景がありありと目に浮かぶ〝名作〟だったからです。

語呂合わせに**映像と音声をつけ、その光景をイメージしながら声に出せば、脳のさ**

まざまなところにまたがる記憶になります。

さらに友人知人に披露して何らかの反応が得られれば「エピソード記憶」にもなってもう絶対に忘れません（友人の感性にヒットするかはわかりませんが、あなたが友人に話したという記憶が残るだけで十分に目的は果たします）。

次ページに語呂合わせに使える数字の読みかたの例を載せましたので、参考にしてください。あくまでも例ですから、もっといい読み方があればそちらを使うべきです。大切なのは、あなたが覚えられるかどうかです。

数字の語呂合わせ例

数字	音	読み(例)
0	お・れ	マル
1	ひ・い	ワン
2	ふ・じ・に	ニャン
3	み・さ	ミャー
4	よ・し	死
5	ご・こ	GO
6	む・ろ	龍※
7	な・しち	鯱(しゃち)
8	ば・は・や	歯
9	きゅ・く	苦

※中国語で六が「liù」だから

01	甥
02	鬼
03	おっさん
04	お酢
05	レゴ
06	鸚鵡(オウム)
07	女
08	叔母
09	奥
10	父
11	いい!
12	イージー
13	遺産
14	石
15	苺
16	イチロー
17	いいな!
18	嫌
19	行く
20	フレー!
21	爺
22	虹
23	兄さん
24	西
25	ニコ ^_^
26	次郎
27	鮒
28	庭
29	肉
30	去れ
31	犀
32	ミニ
33	散々
34	三振
35	産後
36	三郎
37	皆
38	鯖
39	サンキュー
40	死霊
41	良い
42	死に
43	資産
44	獅子
45	死後
46	夜
47	品
48	芝
49	欲
50	これ
51	恋
52	ゴジラ
53	ゴミ
54	腰
55	GO! GO!
56	五郎
57	粉
58	ゴーヤ
59	号泣
60	群れ
61	無為
62	老人
63	無惨
64	虫
65	老後
66	轆轤(ろくろ)
67	虚
68	牢屋
69	ロック
70	慣れ
71	無い
72	何
73	波
74	なし
75	軟膏
76	奈良
77	奈々
78	納屋
79	泣く
80	晴れ
81	ハイ!
82	バニー
83	婆さん
84	橋
85	ヤゴ
86	ハロー
87	花
88	葉っぱ
89	野球
90	熊
91	食い
92	国
93	草
94	串
95	救護
96	黒
97	苦難
98	桑
99	救急

受かる人は

頭文字や漢字で語呂合わせを作る

落ちる人は

正式名称で覚える

語呂合わせができるのは数字だけではありません。

意味のカタマリから「それとわかる1文字か2文字」を抜き出して並べ、映像が頭に浮かぶようなストーリーを組み立てられれば、立派な語呂合わせが出来上がります。意味はトンチンカンでも構いません。

その代表例が「ななまがりしっぷす」法です。

高校の化学の授業で、**元素記号の周期表**を覚えたことがあるでしょう?

水素（H）、ヘリウム（He）、リチウム（Li）、ベリリウム（Be）、ホウ素（B）、炭素（C）・窒素（N）、酸素（O）、フッ素（F）、ネオン（Ne）、ナトリウム（Ｎａ）、マグネシウム（Ｍｇ）、アルミニウム（Ａｌ）、シリコン（Ｓｉ）、リン（Ｐ）、硫黄（Ｓ）、塩素（Ｃｌ）、アルゴン（Ａｒ）、カリウム（Ｋ）、カルシウム（Ｃａ）。

元素記号（水素だけ水）を抜き出して並べると「すいへいりーべ　ぼくのふね　ななまがりしっぷす　くらーくか」と読めます。これに「ぼくの船〝七曲がりシップス号〟を愛している（リーベはドイツ語のＬｏｖｅ）水兵って、クラークか!?」と、自分が聞いているシーンが作れます。

「愛船に〝七曲シップス〟って、どんなネーミングセンスだよ!?」と思うかもしれませんが、そう受け入れられればこの語呂合わせは十分に成立しますし、それで多くの人が覚えられているのですから「名作」と言っていいでしょう。

難解な用語を暗記する方法

司法試験では法律用語をたくさん覚えなければならないのですが、たとえば判例による「検閲」の定義は以下のようなものです。

「**行政**権が主体となって、**思想内**容などの表現物を対象とし、**その**全部または一部の発表の禁止を目的として、**対**象とされる一定の表現物につき、**網**羅的一般的に、**発**表前にその内容を審査した上、**不適当**と認めるものの発表を禁止することをその特質として備えるもの」

受験生はこれを丸暗記しなくてはならないのですが、そのままでは何回復唱したところで頭に入ってきません。

ではどうするかというと、まず太字の部分だけを抜き出して「ぎょうせ（い）・しそうな（い）・その・たい・もう・は（っ）・ふてきとう」という読みから「凝視しそうなその体毛は不適当」という文を作って、写真集には絶対に掲載できないような体毛もじゃもじゃなモデルの水着姿をイメージするのです。

インパクトのある光景なので強烈に記憶されますし、必要なときにこのフレーズが浮かび「ぎょうは行政、しそうなは思想内容、たいもうは対象と網羅だったな……」と**元の文章が復元できればこの語呂合わせは十二分に役目をはたします。**

宅建の勉強をしているときには、民法が規定している「連帯債務の絶対効」の要素として「請求・更改・相殺・免除・混同・時効」の6つがあることを覚えなければならないのですが、これが結構面倒くさい。

そこで、私は太字の漢字を抜き出して「相・免・時・混・(絶対)・請・更」の順番を入れ替え(6つが言えればいいので)「そー・めん・じぃ・こん・ぜったい・せい・こう」として「素麺Gコン絶対成功!」という字をあてました。

Gコンとは「合コン」を指します。本当は「絶対」はなくてもいいのですが「相対効」と区別するためと、テンポが良くなるので入れておきます。

竹の樋《とい》を挟んでこちら側に男性陣、あちら側に女性陣が並んで、流し素麺でキャッキャと盛り上がっている光景を思い浮かべながら「素麺合コン絶対成功!」と唱えると、めちゃくちゃ記憶に刻まれます。

語呂合わせは感性とインパクトが命で、映像化がカギ。既存のものよりも、自分なりに工夫して考えたものがいちばんよく覚えます。

○受かる人は
図を描いて覚える
×落ちる人は
揃った字でメモる

用語や数字を1つずつ暗記するときはリストを作りますが、参考書やテキストのある部分を覚えなければならないこともあります。まるまる暗記するというより、内容を理解して頭に入れる場合です。

同じところを何度読んでもちっとも頭に入ってこないときには、

相関図や仕組図を描いてみるのが効果的です。

わかりにくい文というのは、用語そのものが難しかったり、要素が多くて関係が複雑に絡み合っていたり、ある部分を説明する文がたくさん付いていていたりと、すんなりと飲み込めない構造になっています。

そこでまず、**修飾的な要素はすべて排して、関係性をシンプルに整理**します。いちばん重要な要素は中央に配して、重要なものは大きく、太く、あまり重要でないものは小さく、細く。それぞれの**要素は円や四角やモクモクやギザギザで囲んで、ひとつのカタマリ**であることを認識できるようにします。

関係性は、記号を用いて簡潔に示しましょう。

- つながりがある……――（棒線）
- 方向性・時系列……↑ → ↓ ←（矢印）
- 対立の関係……↔（両矢印）、―×―（棒にバツ印）
- 相互関係……⇅（双方向矢印）
- 2つは同じ……＝（イコール）
- ほぼ同じ……≒（ニアリーイコール）

●同じではない………≠（ノットイコール）

ほかにも、**「＋」「－」「×」「÷」「@」**や**「！」「？」「…」**などを効果的に使って、要素と要素のつながりが、直感的にわかるようにします。あれもこれも盛り込もうとせず、覚えておく必要のない部分はバッサリ切り捨てる思い切りも大切。目指すところは**「読んでわかるより、見てわかる」**です。

相関図や仕組図はイッパツで描けるわけではありません。

関係が複雑であるほどつながりは入り組みますし、各要素をどこに配置すればいちばん線がスッキリするかを探さなくてはなりません。ですから、最初からキレイな整った字でノートに描くのはムダです。

鉛筆と消しゴムを減らしながら、チラシの裏などに「あーでもない、こーでもない」と描き直していくうちに、だんだんとシンプルな図になっていきます。複雑でごちゃごちゃだったものが徐々にスッキリと整理されていくとき、あなたの頭の中でも同じことが起きています。

文を論理的に理解するのは左脳の仕事です。それに対して直感的な図を作るというのは右脳が得意としています。

図版で理解しようという作業は、いったんインプットを試みたものの**左脳の手に負えず整理しきれなかった情報を紙の上にアウトプットし、右脳の力を使って整理して再びインプットし直す**というプロセスを踏みます。

最初は脳がフル稼働して処理にあたりますが、試行錯誤を重ねて図がシンプルになるにつれて負担がかからなくなっていきます。そうして出来上がった時にはいちばんすっきりした形で理解でき、もちろん記憶にも残ります。

その図がしっかりと頭に入った後でなら関連情報を付け加えていくのは簡単で、思い出すときにも骨格を成す要素からたどっていくことで行き着くことができます。

受かる人は
暗記項目をあちこちに貼る

落ちる人は
壁には絵画以外は飾らない

日頃からよく使う知識は〝思い出す〟までもなく、パッと頭に浮かびます。問題は**あまり使う機会はないけれども、必要なときには欠かせない知識**です。

日常的に使わない知識は、脳が必要ないと判断して記憶の奥のほうに片付けてしまいます。でも、それにつながる〝とっかかり〟が手前のほうにあれば、ぐいっと引っ張りあげることで思い出すことができます。

記憶の〝とっかかり〟はいろいろ付けることができますが、

中でも空間に関する〝とっかかり〟は有力なヒントになり得ます。

みなさんはたとえば次のようなものが家のどこにあるか、今、答えることができますか？

●きず薬と絆創膏
●自転車の鍵のスペア
●スマホのＳＩＭを取り出すピン
●パスポート

いずれも日頃から持ち歩いたり、日常的に使うものではありません。しかし、家じゅうを引っかき回さずとも、わりと簡単に「たぶんあそこ」と、そのありかを答えることができるのではないでしょうか？

その理由の1つは、**しまってある場所がだいたい決まっているから**です。まさかきず薬が玄関の靴箱の中から出てきたり、パスポートが冷凍庫の中にあるという人はいないでしょう。自転車に関するものならこのあたり、証明書やカードに関するものはこのあたりという整理タグが、記憶を引き出す〝どっかかり〟になるのです。

それに加えて空間に関する知識は、動物にとって生死に関わる価値（食べ物を見つけたり危険な場所を回避するなど）があるため、他の情報よりも鮮明に記憶される仕組みになっているようです。

小学校の音楽室の壁に貼ってあった作曲家の肖像画や、ホールの壁に掛かっていた卒業生制作のタイル絵などを今も鮮明に覚えている人は少なくないはずです。

子どもの頃に一度だけ来たことのある街を歩くうちに「この角を曲がると大きな公園があったはず」などと思い出し、その通りの光景が広がっていたという経験がある方もいるでしょう。

試験のための知識も空間に結びつけて頭に入れれば、本能に近い部分に訴えてより覚えやすくなります。

具体的には、知識のリストを扉や壁に貼っておき、日常的に目に入るようにします。**洗面台（鏡の一部）やトイレの扉、浴室の壁、ベッドの上の天井などは１日１回はいやでも向き合う場所**ですし、意図的に目を逸らさない限りは何となくでも読むでしょう。もちろん、声にも出して読み上げます。

何度も読み返すと覚えやすいというのはノーマルな暗記のやり方と同じですが、ある**特定の場所に〝貼ってある〟光景は、映像としても記憶に残ります。**試験の出題でその知識が必要になったとき、

「あっ、これはお風呂の温度調節パネルの上に貼ってあったやつだ！」

と、「場所」を〝とっかかり〟に思い出し、映像を想起することでそこに書かれていた内容を引っ張り上げることができます。

家の中にペタペタ貼ってあるとインテリア的には多少目障りかもしれませんが、それも試験が終わるまでの辛抱です。

〇受かる人は
英単語は接頭辞でくる

×落ちる人は
一語一語をそれぞれに覚える

日本語を勉強している欧米人にとって、漢字というのはとてつもなく高いハードルのようです。「漢字は全部で何個ある？　新聞に使われているので約2000字！　あなたたちはそれをどうやって覚えているのか!?」と、聞かれることがあります。

あらためて聞かれると「はて、どうやって覚えたんだっけ？」となる人が多いのではないでしょうか？　小学校で習う漢字は約1000字、私は漢字ドリルと小テストで毎日こつこつ覚えた記憶があります。

ただ、それ以降の1000字をどうやって覚えたかは、正直あまり覚えていませんし、苦労した記憶もありません。なぜかというと、漢字はあるところから

部首の規則性で覚えるのがどんどんラクになるから

です。たとえば「鰯」なら「これは〝魚へん〟だから何かの魚だろうな。弱そうな魚ってなんだっけ、小さいヤツで何かあったな……あ、イワシだ！」と、**へんの〝どっかかり〟を手繰っていき、つくりの〝ヒント〟で正解を釣り上げる**ことができます。

教科書や漢字ドリルでも「○○へんの漢字を10個書いてみましょう」などと、へんやつくりの〝くくり〟で知識を増やしていくコーナーがありました。**〝くくり〟というのは分類ですから頭に入る段階で整理しやすくなっていますし、インデックスが付いていますから取り出しやすくもある**のです。

英単語を覚えるのが大変なのは、こうした〝くくり〟を使わないで、英単語集に出てきた順に1語ずつ頭に入れているからです。じつは英語にも「へん」や「つくり」

に相当する部分はあるのです。

言われてみれば「そうだった」と思い当たると思いますが、**英単語の多くは「接頭辞＋語幹＋接尾辞」の構造でできています。**

たとえばexchangableという単語は、語幹のchange（変える）に接頭辞［ex］と接尾辞［able］がくっついています。へんに当たるのは接頭辞のexで「外へ」という意味があります。接尾辞のableは「～できる」という意味があります。つまり外へ＋変える＋～できるで「交換可能な」となるわけです。

さて、接頭辞exがつく単語には他にexit（出る）、export（輸出する）、extend（拡張する）、extract（抽出する）などがあって、いずれも「外へ」のイメージから想起できる語になっています。

また、接尾辞「able」がつく単語には、他にadoptable（採用可能な）、portable（持ち運べる）、sustainable（持続可能な）、washable（洗える）などがあって、いずれも「～できる」という意味から想起できる語になっています。

接頭辞で覚えるメリット

接頭辞+語幹+接尾辞で覚えるメリットは、**英単語と日本語訳の一対一の関係でなく、イメージで理解することができる**ことです。

高校時代の英語の授業中、先生に「command の意味は?」と問われて「〝命令する〟です」と答えたところ、「じゃあ、He commands English. はどう訳す?」と答えに窮したことがありました。

command は接頭辞 com と語幹 mand から成っています。com は「共に、一緒に」というニュアンスがあって company(会社)とか communicate(連絡する)などに使われています。mand には「誰かの手の中に置く」ニュアンスがあって demmand(要求する)や mandate(義務付ける)などに使われています。

もし、私があのとき command のニュアンスをつかめていたら He commands English. は、英語を自分のものとして手中に収めているイメージから「意のままに操る」という意味がわかったかもしれません。

語源までさかのぼって語幹を増やしていくとなると奥が深すぎて次の試験には間に合わないかもしれませんが、**接頭辞ならすでに知っている語にもたくさんついていますから、**〝くくり〟でどんどん増やしていけます。

TOEIC
試験会場

鬼頭政人（きとう・まさと）
資格スクエア創業者・弁護士。1981年生まれ。開成中学、開成高校を経て、現役で東京大学文科Ⅰ類（法学部）に合格。卒業後は慶應義塾大学法科大学院に進学し、在学中に司法試験に一発合格。司法修習を経て都内法律事務所に弁護士として勤務。ベンチャー企業を支援したい思いから投資ファンドに勤務した後、2013年に資格試験対策をオンラインで提供する「資格スクエア」を創業。
著書に、『資格試験に「忙しくても受かる人」と「いつも落ちる人」の勉強法』（だいわ文庫）など。

本作品は小社より二〇一八年一〇月に刊行されました。

だいわ文庫

資格試験《しかくしけん》に忙《いそが》しくても一発合格《いっぱつごうかく》！
超高速暗記術《ちょうこうそくあんきじゅつ》

著者　鬼頭政人《きとうまさと》

二〇二四年一二月一五日第一刷発行

発行者　佐藤靖
発行所　大和《だいわ》書房
東京都文京区関口一－三三－四　〒一一二－〇〇一四
電話　〇三－三二〇三－四五一一

フォーマットデザイン　鈴木成一デザイン室
本文デザイン　二ノ宮匡（ニクスインク）
漫画　梓川なぎ
漫画編集協力　株式会社サイドランチ
編集協力　渡辺一朗
本文印刷　信毎書籍印刷　カバー印刷　山一印刷
製本　ナショナル製本

ISBN978-4-479-32113-2

https://www.daiwashobo.co.jp